NADIE SE LO DIJO AL ABEJORRO

IVETTE LANDEROS

A Xavier,
Mi vida es más hermosa porque tú estuviste en ella.

Contenido

Ivette Landeros

Nadie se lo dijo al abejorro

Galaxia ✳ Literaria

Prólogo

ALETEAR Y ALETEAR DESESPERADAMENTE SIN SABER QUE LA fuerza de los suaves aleteos hará el gran viaje. Nadie se lo dijo al abejorro, nadie se lo dijo a Ivette Landeros; o tal vez sí, pero no le digas qué hacer porque va a volcarlo todo, y el mundo necesita más gente que vuelque la propia vida para ir tras aquello que incendie. Porque así es I, no se teme a sí misma, se coloca en los lugares más incómodos, en los portazos, en los cuatro libros vendidos, en los viajes por carretera para un sí, por doscientos no; es un abejorro de alas misteriosas.

Esta noche he terminado sus páginas, aquí con el té encima de la mesilla en casa de la abuela. Pienso, al leer las últimas frases, en que somos lo que hicieron de nosotros. Somos toda la gente y todos los sitios, un cordón que nos ata y nos echa al laberinto de esto que llamamos vida, atados siempre a la raíz. Pienso que afuera todo cambia; un día han cerrado el sitio donde tomabas café, un día hemos llegado y han echado mesas afuera, el letrero rojo dice «cerrado permanentemente», entonces habrá que girar, volver a casa con el pelo cenizo de nostalgia, habrá que levantar el teléfono; él se ha ido, cerrado permanentemente, es ya cenizas; y atascada en el aleteo, sólo queda escribir: «es la salida, el arco al final del camino». Escribir, porque I ya no sabría cómo aletear sin escribir; y X, donde sea que te encuentres, su *vida es más hermosa porque tú estuviste en ella*.

Gracias I, leer tus páginas hace que volteemos a nuestra propia vida, contagias, dan ganas del lío, de socializar alrededor de la literatura, de ser tertulia y letras. Deseando que nunca muera tu pasión y que, como el abejorro, para los días malos siempre tengas la hojarasca, con amor…

Diana Heredia

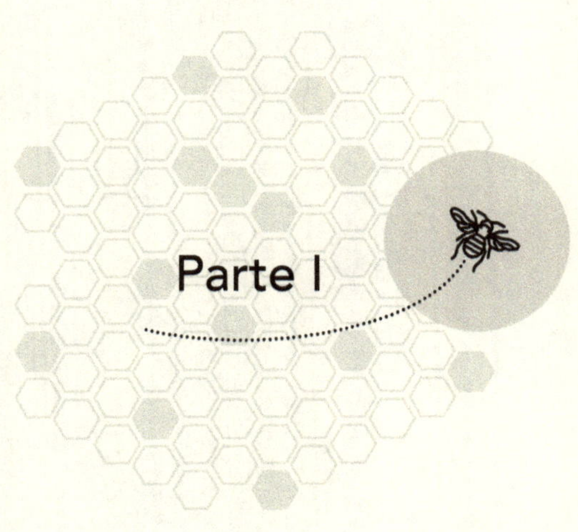

Parte I

¿Cómo llegaste hasta aquí?

*"Yo no debiera estar aquí, aguardando algo
que, de ocurrir, destruiría la miserable vida que
llevo, y de no ocurrir, me arrojaría de vuelta a la
incertidumbre"*

—Carla Guelfenbein

Siéntate y ponte a escribir. Tienes que completar al menos 400 palabras el día de hoy, ¿no puedes? Ve por un café a la cocina, prepara algo de comer, no quieres empezar a escribir con el estómago vacío. Aprovecha para ir al baño. Ponte crema en las manos, las traes como lija. Pero primero lava los trastes del desayuno. ¿Ya revisaste tu correo? Pon tu teléfono en modo no molestar para que no caigas en la tentación de ver y contestar mensajes. Sólo son 400 palabras.

Así fueron los días desde que tomé la decisión de convertir mi pasatiempo en una nueva profesión. El objetivo era sencillo: escribir mi segunda novela. Sin embargo, todos los días me sentaba en un escritorio frente a la computadora sin saber exactamente lo que tenía que hacer. Los dedos no se movían en el teclado, la mente se iba a otros lados. Era imposible escribir, aunque fuera una cuartilla. Qué fácil y, a la vez, qué difícil tarea me puse. Creí que sería fácil porque un par de años antes había escrito una novela sin tener conocimiento de literatura ni de la estructura de un libro, mucho menos acerca de imprentas, maquetación, corrección de estilo. Por consiguiente, la segunda novela sería más sencilla porque ya había leído más libros, me había documentado sobre el proceso y había tomado cursos y talleres sobre escritura. Esto se convirtió en una tarea difícil en el momento que dejé de escribir por entretenimiento y lo empecé a hacer para ganarme la vida.

Qué suerte que Juan José Luna, mi maestro de escritura, me llamó para invitarme a formar parte de un selecto grupo de escritores locales con la misma ilusión y pasión que yo por las letras. Me da miedo ese grupo, se ve que son exigentes, le confesé. Sin embargo, era lo que necesitaba. Es muy cómodo escribir solamente cuando llega la inspiración, sin fechas límites ni compromiso con nadie. Inscribirme a ese taller significaba tener un avance de 1,200 palabras cada semana para mis nuevos compañeros y maestro. Si lograba escribirlas, en menos de un año podría tener una novela.

El *plot* lo tenía listo, los personajes los había definido; incluso había imaginado grandes diálogos entre ellos, y algunos pasajes llenos de pasión. Entrevisté a un par de personas para que me ayudaran a proyectar la voz de mis personajes. Estaba emocionada por sentarme a escribir las primeras páginas de mi nuevo libro, me sentía lista para hacerlo. Una vez que estuve de nuevo frente a la página en blanco, me congelé. Las palabras salieron muy a fuerza, las escenas las visualizaba oscuras, como si hubiera algo en ellas que no podía aclarar. Aun así, logré la meta y escribí mis primeras 1,200 palabras. Una vez que terminé el texto, lo leí al menos cinco veces antes de entregarlo a la clase. La inseguridad me invadía. Debía ser normal sentirme así; era el primer borrador después de muchos meses de no escribir nada. Además, también es normal sentir miedo después de haber publicado una novela, porque las expectativas ya están altas.

Leí el primer avance minutos antes de la sesión y no me gustó. Creí que lo destrozarían. Pensé que dirían que no se entendía, que estaba mal redactado, que no tenía sentido. Y no fue así, fue peor: las voces de mis personajes proyectaban una imagen que yo no quería, la narrativa era confusa, los diálogos inverosímiles. Sentí que estaba lejos, muy lejos, de lo que quería lograr. Era como si mis conocimientos de literatura fueran igual a los de un niño de seis años. No entendí qué era lo que debía modificar, sólo entendí que lo que hice estaba mal y debía leer mucho, muchísimo antes de poder escribir una novela. ¿Cómo te atreves a querer escribir una novela de amor al estilo de Alice Kellen o Colleen Hoover? Nunca voy a ser como ellas, pensé decepcionada.

Cuando quieres tener una profesión como doctor, abogado o maestro, estudias una carrera y te dan un título que te avala como tal. Pero, cuando quieres ser escritor te conviertes en uno con sólo decirlo, nadie te da un diploma. Sólo necesitas escribir. Con esa premisa tomé fuerzas nuevamente y quise intentar darle otra oportunidad a mi historia. Corregí lo que creí que había hecho mal. Tomé en cuenta las sugerencias de mis compañeros.

Fallé otra vez.

Ahora mi personaje masculino sonaba muy femenino. ¿Qué demonios es eso? ¿Cómo un par de frases se pueden escuchar *como* mujer? No entendía nada. Después de leer tres libros en tres semanas, parecía que no había hecho mi tarea y seguía sin lograr un buen relato. Por un momento pensé que mi maestro y compañeros la traían contra mí o que ellos eran expertos y, evidentemente, yo era una novata. Moví la cabeza en negación con tan sólo pensarlo. El que toma la retroalimentación de manera personal, pierde.

No logré escribir durante siete días seguidos y el estrés empezó a invadirme. La fecha de entrega de mi avance llegó, faltaban dos horas para la clase. ¿Para qué estás pagando un taller si no lo vas a aprovechar? Escribe lo que sea, pero escribe, me dije desesperada. Tomé mi computadora y me puse a escribir desde el corazón lo que mi intuición me decía que era lo correcto. Esta vez las palabras salieron más fluidas, aunque no convencida del resultado final. Una vez más, mi relato no logró estar a la altura de las expectativas. Cuando mis compañeros terminaron de compartirme su retroalimentación, agradecí con una sonrisa y apagué mi cámara y micrófono. Agaché la cabeza, puse mis manos en la cara y comencé a llorar. Mi llanto era de vergüenza, de decepción, de frustración. No había querido reconocer hasta ese día que, en cada sesión y cada que era mi turno de leer, mi estómago se retorcía. Sentí que algo dentro de mí se rompió y colapsé. Al darme cuenta de que nadie podía verme ni escucharme, grité desesperada y di un golpe en la pared. ¿Para esto dejaste tu trabajo?

Cuando la clase terminó y pude tranquilizarme, me di cuenta de que escribir había dejado de ser divertido y, por el contrario, se había convertido en la peor de mis pesadillas. Se suponía que al dejar mi trabajo de oficina iba a poder dedicar mi tiempo a hacer algo que me gustara, que me hiciera feliz, pero no me sentía feliz. Esa noche abrí mi cajón de medicinas, tomé un frasco de Clonazepam, disolví unas gotas en agua y me lo tomé como si fuera *shot* de tequila. Para rematar, me tomé dos pastillas de melatonina, por si el Clonazepam no me hacía efecto. En pocos minutos mi cerebro se desconectó del cuerpo y dejé de sentir angustia, me quedé profundamente dormida.

A la mañana siguiente desperté y me tomó unos segundos ubicarme. No estaba en mi cama, sino en el sillón de la sala, con mucho frío, porque la cobija se había caído al piso. Sentí un pinchazo en el estómago cuando recordé la noche anterior. Me levanté desorientada, recogí la cobija, me envolví en ella y me dirigí a la cocina para prepararme un café. Estaba un poco mareada, con un dolor de cabeza parecido a la resaca. Tremendo cóctel que me había preparado antes de dormir. Me serví el café y me fui a mi habitación. Me sentía rota, sin fuerza para buscar y enmendar lo que se había roto. No podía dejar de pensar en la clase de escritura, en los comentarios de mi maestro cuando me dijo "He leído narraciones muy buenas de ti. Esta no fue una de ellas". La decepción era clara.

No eran solamente los comentarios sobre mi borrador los que ocasionaban mi malestar, sino toda una serie de fracasos que había experimentado anteriormente: las ventas de *Sofía 26* no me daban lo suficiente para pagar la renta, tampoco las inscripciones a los talleres de escritura que había impartido en clases virtuales y mis redes sociales no tenían el alcance que necesitaba para incrementar mis ventas. Además, apliqué para un par de vacantes de escritor y editor en diferentes empresas y me habían rechazado. Entendía que era nueva en este medio, que era cuestión de tiempo, pero escribir lo consideraba mi fortaleza y mi clase dijo que era mi debilidad. Entonces, ¿para qué soy buena?

Tomé un abrigo, me puse tenis y salí de mi casa. Estaba abrumada de pasar días enteros encerrada intentando escribir, quería respirar aire fresco. Me subí al carro y manejé sin rumbo a donde mi intuición me llevara. Seguí las calles que recorría todos los días en mi antigua rutina, rebasé algunos carros como si tuviera prisa por llegar a algún lado. Subí el cerro de la colonia Buena Vista, entré a un parque industrial y me estacioné enfrente de la empresa donde trabajé. Observé a los empleados entrar a las instalaciones para iniciar su turno, con las mochilas de las *laptops* en el hombro o con su lonchera. Algunos se tomaban unos minutos para fumarse un cigarro antes de iniciar su día. Otros llegaban corriendo, con cara de preocupación, esperando que el guardia los dejara entrar y no llamaran a su supervisor.

Recordé cómo eran mis días, apurada por llegar a tiempo para que mi jefe no tuviera la plática incómoda sobre mis retardos. Cerré los ojos y casi pude oler el aroma a café y humedad de las oficinas. Era inevitable el saludo de buenos días a todas las personas que me encontraba en mi camino, con sonreír era más que suficiente para pretender ser sociable. Los primeros 30 minutos después de ingresar a la oficina eran la misma rutina: meter el lonche al refrigerador, prender la computadora, servirme agua caliente para prepararme un té, leer mis correos, revisar la agenda del día y renegar por las juntas innecesarias. Recorrí mentalmente cada rincón de esa empresa: los pasillos, las oficinas, el comedor, el área de producción, las salas de juntas. Respiré profundo, moví la cabeza para despabilarme y ubicarme —una vez más— en donde me encontraba.

Siempre puedo regresar. Hay cientos de empresas como éstas que quieren tenerme en su equipo. ¿Es eso lo que quiero? Basta con hacer un par de llamadas, mandar algunos currículums. Me eché a llorar. Lloré porque no quería renunciar a la nueva vida que había iniciado, por más fracasada que me sintiera aún no quería renunciar a ese estilo de vida. Porque lo más fácil era regresar, pero yo quería hacer algo diferente. Intentar hasta que se agotaran todos mis recursos, hasta que ya no tuviera fuerzas. El hecho era que aún tenía recursos y, si escarbaba en mis entrañas, aún tenía fuerzas. Lloré cuando vi mi antiguo y nuevo estilo de vida juntos, tan diferentes. Encendí el carro y me dirigí a casa. Es tan importante saber a dónde ir, como saber a dónde no regresar.

Al llegar prendí la computadora y abrí el archivo con el borrador que había presentado a mi clase el día anterior. Leí las últimas páginas y entendí por qué mis compañeros insistían en que le faltaba algo a la historia: había escrito un relato que nunca existió, con personajes que no conocí, construí diálogos que nunca sucedieron. No era fácil crear un universo desde cero.

Dice Juan Villoro, en su novela *El libro salvaje,* que los libros te llegan cuando quieren ser leídos; así que, posiblemente, las historias se plasman en letras sólo cuando quieren ser contadas y, en ese sentido, quizá las historias son como los libros. Tal vez esa historia que quería escribir no quiere ser contada aún. Era momento de guardarla en el cajón y volver a empezar con otra con la que pudiera sentirme identificada y conectada.

Abrí mi correo electrónico y vi que tenía un mensaje de alguien desconocido. El asunto decía "Entrevista". Se trataba de una chica que quería entrevistarme para un proyecto de su escuela. Decía que había leído *Sofía 26* y que le gustaba todo lo que hacía en mis redes sociales. Me confesó que ella también quería ser escritora, pero no sabía por dónde empezar. Me pidió responder unas preguntas, la primera de ellas era: "¿Cómo llegaste a donde te encuentras ahora?". Sonreí. Me parecía irónico que ella me veía como ejemplo y yo misma me veía como un fracaso. Me sentí conmovida por dos cosas: la primera, porque nunca había imaginado que podía impactar en la vida de los demás, sobre todo de esa jovencita que deseaba hacer lo mismo que yo. La segunda, porque ni yo misma me había detenido a pensar en todas las cosas que tuvieron que pasar, ni en las decisiones que tuve que tomar para estar en donde me encontraba.

Quise tomarme unos minutos para pensar en la respuesta. ¿Cómo llegué aquí? Esos minutos se convirtieron en horas cuando quise encontrar en mi memoria lo que detonó la decisión de convertirme en escritora.

El inicio

Mi jefe me pidió organizar un programa de entrenamiento para supervisores y gerentes en donde se les pudiera desarrollar sus habilidades de liderazgo. Contacté a un proveedor, le platiqué el plan y en menos de dos semanas tenía una propuesta.

Me llamó la atención que el primer tema que proponían abordar era *Proyecto de Vida*: un taller vivencial en donde los participantes hicieran su plan de vida a cinco años. ¿Y eso cómo los va a hacer mejores líderes?, le pregunté escéptica. Las aspiraciones de un líder deben estar ligadas con la visión de la empresa, me contestó. No me convenció su argumento, pero a mi jefe sí. Programa las sesiones del entrenamiento, haz una junta con todos los gerentes y explícales lo que vamos a hacer, me ordenó. Yo estaba dentro de la lista de participantes al entrenamiento. Me tocaba organizarlo y también asistir. No me gustaba la idea de tener que presentar mi plan de vida personal a un grupo de compañeros de trabajo. Lo único que podía pensar era ¿y ahora cómo logro evadir ese entrenamiento?

Recordé que cuando estaba en la universidad me pidieron hacer un plan de vida. Tomé una cartulina y la llené de recortes de revistas con imágenes de todo lo que quería tener: una casa con un jardín espectacular, una oficina con vista a la ciudad, un auto último modelo, vestidos de novia y parejas sonrientes. Al día siguiente lo presenté en la clase, exenté la materia y esa cartulina terminó en el bote de basura de mi casa.

No le di importancia porque creí que mi futuro no dependía de lo que pusiera en una cartulina. No le di importancia a esa edad, tampoco le quise dar importancia a mis 34.

Semanas antes del entrenamiento platicaba con Ernesto, un practicante de la empresa, acerca del único plan que ha salido como yo he querido, y ese fue convertirme en una mujer independiente al salir de la universidad. Me dijo que, si él tuviera la edad que yo tenía ahora y fuera independiente, ya se hubiera comprado una casa o un carro del año, ya hubiera hecho hasta su propia empresa. Sonreí y recordé aquella tarea de la universidad. Le dije que a los veinte uno sueña con hacer muchas cosas, pero que la realidad era diferente. ¿Tú también querías casa, carro y tu propia empresa?, me preguntó. Asentí. ¿Y qué estás haciendo aquí? Su pregunta me pareció estúpida, como si él no tuviera idea de cuánto cuestan las rentas en Tijuana, ni el agua, luz, gas, internet. Trabajo aquí porque necesito dinero para pagar mis gastos, no porque me guste mi trabajo, contesté tajante. Yo que tú agarraba mis ahorros y me regalaba un año sabático para hacer solamente lo que me gusta, me dijo. Sonreí y encogí los hombros.

Un día antes del entrenamiento sucedió algo a lo que mis compañeros y yo llamamos El Lunes Negro. Debido a la baja demanda de producción y el impacto económico en el mundo por el COVID-19, el número de empleados se tenía que reducir; nuestro trabajo iba a incrementar y debía laborar más horas para poder cubrir los turnos diurno y nocturno. Mi sueldo seguiría igual, pero los bonos se reducirían. Además, despedirían a la mitad de mi equipo de trabajo ese mismo día y yo debía optimizar mi productividad con la mitad de mis recursos. Antes del mediodía, cientos de personas desfilaron por Recursos Humanos para recoger sus finiquitos.

Al finalizar la jornada de trabajo me sentía desgastada, frustrada, preocupada. Salí al estacionamiento y me encontré con otros compañeros hablando sobre la situación de la empresa. Les dije que no quería hacer ningún esfuerzo adicional por la empresa que me había quitado la mitad de mi equipo. Sentía pena porque de un minuto a otro se quedaron sin trabajo, sin planear qué hacer, con familias por mantener. Me parecía injusto sacrificar mi tiempo y desgaste físico por una empresa que no se preocupaba por mí. Todos nos sentíamos igual, no sabíamos en qué iba a terminar o qué otras decisiones iban a tomar por parte del corporativo. Nos despedimos y, cuando subí a mi auto, recibí un mensaje de Ernesto: "La idea del año sabático ya no suena tan mal, ¿verdad?" El resto de la noche quise pensar en esa idea, imaginar en la remota posibilidad de una vida sin jefes, sin evaluaciones bimestrales, sin auditorías, sin despidos masivos.

Al día siguiente nos presentamos puntuales al entrenamiento, ansiaba despejar mi mente unas horas y no saber nada del trabajo. En ese momento, el tema del plan de vida ya no sonaba tan descabellado y, por el contrario, sentí que era buen momento para plantearme en dónde quería estar. La instructora inició con esta frase: "Todas las decisiones que tomaron el año pasado los trajeron a donde se encuentran ahora. ¿En dónde quieren estar el próximo año?" No sé en dónde, pero en esta empresa no quiero estar, pensé de inmediato y me quedé helada.

Durante las siguientes horas dejé que se abriera la caja de Pandora y todos mis sueños guajiros los escribí en mi cuaderno:

quería publicar *Sofía 26*, vivir de la escritura, tener una oficina con plantas y una ventana grande, viajar e inspirarme para escribir más historias y más libros. Quería casarme y tener hijos. Quiero, quiero, quiero. Al terminar, debíamos escribir un plan de acción para cada uno de esos sueños. ¿Qué necesito hacer hoy para poder cumplir toda esta lista en 3, 5 o 10 años?

Esa tarde, al llegar a casa, me acosté en la cama encima de las cobijas revueltas y observé a mi alrededor. Había cajas llenas de papeles y carpetas que ya no me servían, cuadros decorativos que no me gustaban, discos y películas que no usaba, ropa colgada que ya no me quedaba. De lo que hay en esta habitación, ¿qué quiero conservar para la nueva Ivette?, pensé. Si hubiera tenido fuerzas en ese momento, habría vaciado mi closet y cajones y tirado todo a la basura. Estaba decidida a cambiar mi vida. Una buena manera de iniciar un cambio era eliminar todo lo que no necesitaba, todo lo que no me llevara a cumplir cada una de mis metas. Si quería publicar libros, debía empezar por usar mi escritorio como mesa de trabajo y no como mesa para acumular ropa, cajas y papeles. Si quería tener una oficina a mi gusto debía hacer un espacio en mi habitación, pintar las paredes y buscar la decoración que quería.

También quería casarme y tener hijos, y bueno… debía cuestionarme la relación en la que me encontraba y si él se podría convertir en mi esposo y padre de mis hijos. Inmediatamente, después de pensar en eso sentí dolor de cabeza, era un tema que se había vuelto incómodo en los últimos meses. Respiré hondo. Estaba postergando lo inevitable porque no quería aceptar que estaba con la persona equivocada. Terminar con alguien es desgastante y prefería estar en una relación sin futuro que enfrentarme a estar sola. Sabía que era momento de tomar una decisión de las grandes, de las que duelen. Si termino con él se vendrá un efecto dominó que no podré parar, pensé. Si termino con él, es porque ya no habrá marcha atrás y eso requerirá de encontrar fuerzas, no sé de dónde, para enfrentar ese duelo.

El día que sentí morir, pero no morí

Salí a comer con mi amigo Alejandro, para compartirle lo que había hecho en las últimas semanas y ponernos al día. Al contarle la historia del proyecto de vida y de todas las cosas (y personas) que prescindí, me sugirió asistir a una ceremonia de Ayahuasca para cerrar con broche de oro ese proceso de depuración. Desconocía lo que eso significaba, por lo que pasó las siguientes tres horas explicándome en qué consistía.

Para empezar, nunca usé drogas en mi vida. Eso de Ayahuasca sonaba a que me iba a poner bien pacheca y tener alucinaciones. De entrada, temía que mi cuerpo rechazara esa droga, que me sintiera mal o que me muriera en el intento. Pero conforme me explicaba cómo funcionaba y en lo que consistía la ceremonia, pensaba que era lo que necesitaba.

Me dijo que era una medicina usada por nuestros ancestros, de origen amazónico. Que no contenía nada sintético, todo era natural. La marihuana también es natural y aún es una droga ilegal en México, pensé con sarcasmo. Lo que entendí es que lo que hace esa planta, la ayahuasca, es que permite que el cuerpo produzca una sustancia llamada DMT que los humanos ya producimos en pequeñas cantidades en el momento que nacemos y cuando se está en el lecho de muerte. O sea, sientes que te mueres, pero no te mueres, me dijo Alejandro. ¿Y para qué quiero sentir que me muero? No me lo estás vendiendo bien, le contesté. Lo que sucede es que cuando tomas esta bebida de ayahuasca, te lleva a un viaje al interior de tu inconsciente y te permite sanar, depurar, curar males, desde un viaje astral donde el tiempo y el espacio se vuelven relativos. ¿Qué brujería es esa?, le dije asustada. No tenía idea de lo que estaba hablando, mucho menos podía imaginarme lo que se sentía al consumir esa sustancia.

Lo que sucede en ese viaje es algo único que, aunque lo he hecho más de cincuenta veces, siempre es diferente, dijo Alejandro. Cada experiencia es única, entonces no te puedo decir cómo será tu viaje. Lo que sí te puedo decir es que te estará guiando la abuela Ayahuasca, el chamán la invoca con unos ícaros al principio de la ceremonia. Mientras me explicaba, no podía evitar pensar en que me podían correr de mi trabajo si se enteraban de que me metí drogas, en el mejor de los casos. Porque en el peor de los casos, podía quedar ahí en el viaje sin poder regresar. ¿Qué tal que termino en un manicomio porque nadie me pudo sacar de ese trance?

No tienes nada de qué preocuparte, insistió. El efecto sólo dura cinco horas, yo puedo estar contigo acompañándote, si quieres. Además, siempre vas a estar consciente. Vas a poder levantarte, caminar, ir al baño. Lo único es que vas a ver cosas raras, colores, pero estarás bien. El inicio de la ceremonia puede ser un poco caótico por las sensaciones que vas a experimentar, lo que sigue después es lo mejor que vas a sentir en tu vida. Al final siempre terminas con una sensación de paz, de amor; vas a dejar atrás todas aquellas cosas que no te dejan avanzar hasta donde tú quieres llegar. Vas a poder entender muchas cosas y conectarás con el universo, con tu intuición. Eso te va a permitir tomar mejores decisiones y sanar heridas que ni siquiera sabías que tenías. Cuando dijo eso, me convenció. Era precisamente lo que buscaba. Le iba a sufrir, quizá, durante cinco horas, pero iba a disfrutar por el resto de mi vida. O al menos eso creí.

El día de la ceremonia me encontraba muy nerviosa, mis amigas me repitieron constantemente que lo que hacía era un acto de valentía, sin entender por qué lo decían, y eso me daba nervios. Al llegar al lugar, vi que teníamos asignada una colchoneta, servilletas y botes de basura para cada uno. O sea que lo del vómito y náuseas no es broma, pensé. Dudé que fuera a necesitarlo puesto que hice dieta vegana por una semana y cinco horas de ayuno. Elegí mi colchoneta, Alejandro tomó la de enseguida, acomodé mi bolsa de dormir, saqué unas botellas con suero y apagué mi celular. El chamán me dio la bienvenida y me explicó brevemente en lo que consistiría la ceremonia, asegurándose de que no tuviera ninguna duda y estuviera lista para comenzar. Me reiteró que estaría consciente todo el tiempo, sólo iba a sentir cosas diferentes. Me pidió que pensara en una intención, lo que quería lograr en la ceremonia. La intención que tenía en mente era seguir mi pasión por la escritura y encontrar la mejor manera para lograrlo.

Nos dieron la bebida de ayahuasca en un vaso pequeño. Debíamos tomarlo de un solo trago, como el tequila. El sabor era amargo; la consistencia, viscosa y terregosa. Le di un trago a mi suero para quitarme el mal sabor. El chamán apagó las luces, puso música instrumental y la lluvia en el exterior le dio un poder relajante adicional. Me dejé llevar durante unos minutos hasta quedarme dormida.

Desperté cuando el chamán interrumpió la música y se puso a cantar, no entendía nada de lo que decía. Esos eran los ícaros que me dijo Alejandro, el lenguaje del Universo. Empecé a sentir miedo y remordimiento, estas cosas parecían del diablo, a Dios no le va a gustar que yo esté aquí, pensé arrepentida. Después, en uno de los cantos, entendí que el chamán pedía permiso a todos los dioses y a la Virgen María para poder llevar a cabo la ceremonia. Bueno, ya le pidió permiso a Dios, entonces no se debe enojar conmigo.

Después de algunas canciones volvió la música instrumental. Escuché a Alejandro quejarse, como si se sintiera enfermo. Ya entré, logró decir en voz alta. ¿Entrar a dónde? Yo lo veía a un lado de mí. El chamán me preguntó si yo ya *había entrado* también, si me sentía mareada o viendo colores. Sentada en la colchoneta, sin experimentar ninguna sensación más allá de la relajación, le dije que me sentía muy bien. Te voy a traer otro *shot*, me dijo. Me dieron ganas de decirle que no, que así estaba bien. Empezaba a preocuparme al escuchar que Alejandro seguía quejándose, riéndose y hablando solo. Dudé en agregar una dosis de ayahuasca, pero, finalmente, bebí el segundo *shot* y en cuestión de minutos *ya estaba adentro*.

Al cerrar los ojos vi colores, como los vitrales de una iglesia, fractales. Me asusté y los abrí. Con los ojos abiertos los colores se fueron, me tranquilicé. Volví a cerrarlos y la visión volvió, y con ella sentí falta de aire, presión en el pecho y sudoración. Abrí los ojos y la sensación no desapareció. Me acerqué al bote de basura para vomitar, sin éxito; de él salieron unos dientes como de piraña, me querían morder. ¡Qué chingados es esto! Volteé a ver a mi alrededor y los cuadros de las paredes parecían derretirse, como el cuadro de los relojes de Dalí. Quería gritar, pero mi cuerpo no respondía. Después de varios intentos logré decir: Alex, me siento mal. El chamán interrumpió y me dijo que era normal, que debía relajarme, que en unos minutos iba a empezar sentir bonito. ¡No quiero, no quiero estar aquí, me quiero ir a mi casa! ¡Haz que pare, no puedo con esto! Lo pensé, pero no pude decirlo.

Al fondo de la habitación había una figura como de un gnomo o un enano, estaba segura de que me estaba observando, burlándose de mí. ¿Qué me ves, figura? ¿Te parece divertido que me esté muriendo?, no sé si lo dije o lo pensé. Después, una voz que no era de nadie me dijo enfurecida: Tú y tus intenciones se pueden ir a la mierda. Aquí vienes a sentir lo que yo quiera que sientas, y vas a dejar de sentir cuando yo quiera que dejes de sentir. El control lo tengo yo, no tú. ¿Quién demonios estaba tan enojada conmigo y por qué? ¿Qué le hice?

Como pude, levanté la mano, así como el alumno la levanta para preguntarle al maestro. ¿Qué necesitas, Ivette?, me preguntó el chamán. Tengo mucho miedo, ¿alguien puede estar aquí conmigo?, le imploré. No, esto es algo que tienes que pasar tú solita, nadie puede estar contigo, me contestó. Quise llorar, pero las lágrimas no salían. Los mareos y la ansiedad iban en ascenso, creí que podía quedarme así para siempre. En mi mente le pedí perdón a mi mamá por si ya no volvía, estaba segura de que ahí iba a morir: sola, en medio de un salón sin mi familia, drogada. ¡Qué muerte tan más estúpida!, pude haber hecho una simple meditación, pero no, elegí drogarme y eso me va a matar.

Enseguida, se acercó el chamán con una mujer. Ella es mi esposa, Daisy, te va a acompañar, me dijo al oído. La señora se hincó a mi lado, me tomó de las manos y con voz dulce me repitió que sería mi compañía. Entonces lloré de desesperación, de tristeza y, al mismo tiempo, de alivio, porque ya no estaba sola. ¿Por qué me siento así? ¿A quién le hice tanto daño?, pregunté sollozando. Estás sanando, me dijo, confía en el proceso, este malestar va a pasar muy pronto. Apreté sus manos y el llanto continuó unos minutos más.

Mi cuerpo se relajó. Dejé la posición fetal y logré sentarme en la colchoneta, sin soltar las manos de Daisy. Mi mirada se concentró en la puerta por la que había entrado a la casa. Todo a mi entorno desapareció, sólo estábamos la puerta y yo. Una voz, la misma que escuché antes, interrumpió mis pensamientos.

—¿Qué ves, Ivette?

—La puerta —contesté sin apartar la vista.

—¿Qué buscas en esa puerta? —volvió a preguntar.

—Que alguien llegue y me salve, que me saque de aquí —contesté serena.

—¿Para qué buscas afuera lo que puedes encontrar aquí adentro? —preguntó

Volteé alrededor y vi a Daisy acariciándome las manos, cuidando de mí; al chamán, que estaba pendiente de todos en la ceremonia, y a Alejandro, que no me dejaría sola hasta que yo me sintiera bien. La voz tenía razón: todo lo que necesito está aquí.

—¿Para qué buscas afuera lo que ya está dentro de ti? —volvió a preguntar.

Las palabras cobraron vida.

Mi mente ya no trabajaba con palabras, sino con sensaciones, emociones. Dejé de pensar y empecé a sentir. Lloré de felicidad, porque en ese momento creí haberlo entendido todo. *¿Para qué buscas afuera lo que ya está dentro de ti?* Fue la pregunta que contenía todas las respuestas que buscaba. Era alguien en mi interior diciéndome que podía dejar de esperar la aprobación de mis papás, de la gente que me rodeaba para hacer lo que más amo. Tenía todo para poder hacer lo que quisiera; me tenía a mí, a mi mente, a mi espíritu. Yo soy lo que necesito.

Si estás llorando, es que estás sanando, me dijo Daisy mientras me consolaba.

El viaje astral comenzó. Días antes no entendí lo que Alejandro me explicó al respecto, pero en ese momento estaba segura de que ese era un viaje astral. El tiempo dejó de existir, quería contar los segundos, los minutos, pero mi mente no me lo permitía. De cualquier manera, saber la hora era irrelevante. Lo que sí puedo decir con certeza es que ahí fui feliz. Después de un momento volteé con Daisy y le dije que me sentía mejor, que podía dejarme sola. Asintió con la cabeza sin decir nada, me apretó las manos para despedirse y se fue.

La voz volvió a aparecer. Su tono volvía a ser dulce y maternal, como si intentara hacer una conexión conmigo.

—¿Quieres ver la segunda puerta? —preguntó.

—Sí —contesté segura, viendo la puerta de enfrente.

No sabía de qué hablaba. Nada tenía sentido en la realidad que todos conocemos, en este plano terrenal. Sin embargo, a ese nivel de conciencia, todo lo que me decía la voz tenía sentido. Le di el control de mi cuerpo y mis pensamientos. Luego la puerta se abrió y detrás de ella caía la lluvia sobre unos árboles frondosos. Una luz detrás de ellos se encendió como si fuera una guía que debía seguir. La voz continuó.

—Detrás de esa puerta vas a ver a la Ivette que siempre quisiste ser. Una vez que salgas por ella vas a ser otra. Y te vas a gustar y te vas a querer. Serás la mejor versión de ti.

—¿Ya no voy a ser una mujer insegura? —pregunté.

—No

—¿Voy a poder hacer todo lo que me gusta hacer?

—Eso y más. Hay cosas que no sabes que te gustan y también las vas a hacer.

Sonreí. Fue el primer y único momento que sonreí en la ceremonia. Lo hice porque me gustó la idea de poder ser la mujer perfecta para mí. Eso significaba que no tendría límites y podría llegar tan lejos como yo quisiera, convertirme en la escritora que tanto deseaba ser. Mi trabajo actual se podía ir mucho a la mierda, nada me iba a limitar para hacer lo que me apasionaba. Podría viajar, cambiarme de casa, deshacerme de todas mis cosas y dejar sólo una caja con mis libros, cuadernos y computadora para escribir. Era todo.

Me gustó la idea de "la nueva Ivette" porque siempre fui una niña con miedos e inseguridades. Se me dificultaba hacer amigos, hablar con la gente, era muy tímida. Viví con incertidumbre por la inestabilidad económica que había en casa, temiendo que nos fuéramos a quedar en la calle de un momento a otro. De adulta necesitaba asegurar un ingreso fijo para poder sentirme tranquila, por eso opté por trabajar en maquiladora durante más de diez años; era dinero seguro. Sin embargo, no me gustaba esa vida que me había construido, me sentía presa de mis propias decisiones. Sabía que no encajaba en ningún lugar, pero, por miedo a moverme a otro lado, me quedaba en donde mismo. Al abrir esa "segunda puerta" vi a la mujer que siempre quise ser. Ahí estaba, cerca de mí, al alcance de mí. Vi la posibilidad de dejar todo eso atrás y tener la valentía de buscar el lugar al que realmente pertenecía. Lo mejor fue que estaba segura de que podía lograrlo.

La música de la ceremonia me acompañó a disfrutar ese momento. Por un instante me sentí normal, de regreso a la realidad. Me acomodé en la colchoneta, tomé una servilleta y me limpié la cara. Tomé una liga y me peiné. Estaba lista para regresar a casa, descansar esa noche y despertar siendo otra. No pude estar más equivocada, la voz volvió a aparecer.

—¿Estás lista para ver la tercera puerta?

—¡Ah, cabrón!, ¿las puertas siguen? —pregunté confusa.

—¿Estás lista? —insistió sin decir nada más.

Respiré profundo. Sentí pavor al saber que el viaje aún no terminaba, que había estado lúcida sólo por un par de minutos. Al saber que la voz era quien tenía el control de mí, no quise resistirme y confié en lo que me faltaba por aprender. Sentada, me recargué en la pared y cerré los ojos. Estoy lista, contesté.

—Esta tercera puerta sólo puedes verla con tu tercer ojo, con tu intuición.

Antes de que preguntara lo que era el tercer ojo, todo a mi alrededor se desfiguró: los cuadros de la pared, las ventanas, las personas a mi alrededor se veían como Picassos o como cuando Homero Simpson viaja a la tercera dimensión y en el trayecto se ve a sí mismo en un plano cartesiano. Así me sentí, excepto que no sabía en cuál dimensión me encontraba. Los fractales aparecieron de nuevo, la sensación de montaña rusa también. Apreté los ojos con miedo. Este es un regalo para ti, disfrútalo, me dijo la voz. Intenté relajarme, pero fue inútil. Los mareos y náuseas volvieron a aparecer, la ansiedad se apoderó de mí nuevamente. Poco a poco me deslicé por la pared hasta quedar acostada, tomé el bote de basura y aparecieron los dientes de piraña. Muérdeme, hijo de tu puta madre. ¡Muérdeme!, le dije al bote. Ya estábamos bien, ¿por qué me haces esto?, dije llorando.

No sé qué pasó después, quizá me desvanecí. El chamán se me acercó, tienes que relajarte, Ivette, tienes que relajarte. Ya casi acabamos, me dijo suavemente. Pasó sus manos sobre mí, acercó a mi nariz un aceite con olor agradable y me aseguró que eso me ayudaría a que la ayahuasca comenzara a ceder. Traté de respirar profundo, pero sentí miedo. El mismo miedo que había sentido de quedarme loca para siempre. Y, de un momento a otro, mi cuerpo cayó en reposo. Digo "cayó" porque así lo sentí. Fue como si mi alma regresara al cuerpo y cayera encima de mí dejándome inmóvil, relajada. Eso es, dijo el chamán; y segundos después regresó a su lugar, al centro de la sala.

La voz tuvo una última intervención. Esta vez no preguntó, afirmó: Ivette, ya estás lista para ver la cuarta puerta. Estaba muy débil para cuestionar cualquier cosa, no me quedó de otra más que esperar para saber de qué se trataba.

La puerta se abrió y empezaron a entrar todas las personas que conocía: amigos, familia, compañeros de la escuela, compañeros de trabajo, gente que vi en conciertos, restaurantes, con quienes tuve al menos un contacto visual. Al decir que entraron todos, me refiero al sentido estricto de la palabra todos. Ellos entraban, me abrazaban, me decían te amo, y se iban. La primera que entró fue mi mamá. No pude decirle nada, sólo dejé que me abrazara. Su presencia llenó ese espacio que me había consumido el miedo, fue como si me reviviera al tocarme.

Mi alma sentía paz, pero mi cuerpo estaba rendido. Traté de comunicarme nuevamente con la voz, le supliqué que todo terminara, que me dejara ir a casa. Como niña haciendo berrinche, empecé a decir en mi mente: quiero ir a casa, quiero ir a casa… ¡QUIERO IR A CASA! Apreté los ojos, y cuando los abrí me encontraba en mi habitación, acostada en mi cama, tapada con mis cobijas. Percibí el olor de las sábanas, las tomé con mis manos y me las acerqué a la cara para olerlas mejor.

Olían a flores frescas. Tomé la almohada y me acomodé para dormir. Después, me di cuenta de que no estaba en mi habitación, que seguía en la sala con el chamán y con Alejandro; la ceremonia no había terminado. Entendí que la voz hizo caso a mi súplica y finalmente me permitió descansar, regalándome una visión del lugar donde más deseaba estar.

Los fractales empezaron a desaparecer, al igual que lo entumecido de mis manos, los mareos y náuseas. Escuché a lo lejos una conversación entre el chamán y Alejandro, comentaban lo que habían vivido en la ceremonia. ¿Por qué ellos hablan como si nada hubiera pasado mientras yo muero lentamente?, pensé. Cuando vieron que abrí los ojos y comenzaba a incorporarme, quisieron incluirme en la plática. Yo estaba débil, deshidratada, confundida, con una parte de mi mente en el viaje y la otra en la realidad.

Hice una mueca de desagrado y con la mano les dije que me era imposible hablar. Como pude, me recargué en mi brazo derecho, intenté sostenerme de ese modo para poder tomar suero. Mis manos no coordinaban y tampoco tenían fuerza. Alejandro se acercó para ayudarme a abrir la botella. Llevarla a mi boca fue un acto casi imposible, como si hubiera olvidado cómo beber. Estaba asustada, confundida con todo lo que había vivido durante las últimas cinco horas. Sin embargo, mi instinto de supervivencia me indicaba que lo único importante era beber del suero, ponerme de pie y regresar a casa. Necesitaba salir de ahí con urgencia, después iba a entender todo lo que había pasado. Alejandro me preguntó varias veces cómo me sentía, y en todas le contestaba lo mismo: mal. Recogió mi bolsa de dormir y me cargó para sentarme en una silla. Aún con el esfuerzo que hizo para ayudarme, no pude evitar decirle un *chingas a tu madre, pinche Alejandro.*

La lluvia se convirtió en tormenta. Alejandro se las ingenió para salir a su auto y guardar todas nuestras cosas; imagino que la calle estaba inundada. Le pidió ayuda al chamán para cargarme y subirme al auto, era evidente que mi cuerpo no respondía. Ellos platicaban y caminaban como si no hubieran estado en la misma ceremonia que yo. Lo único que pasaba por mi mente era la necesidad de salir de ahí. Quería llorar, pero ni para eso tenía fuerzas. Dejé que me sacaran de la casa como una borracha saliendo del bar en la madrugada, imaginé que los vecinos me verían y dirían: mira, ahí va esa borracha que ni caminar puede, de seguro hasta drogada va. Y sí, iba drogada y eso me daba vergüenza.

Pensé en pedir que me llevaran a urgencias al hospital más cercano, pero tan sólo de imaginar la explicación que tendría que dar a los doctores, y que el asesor de mi seguro médico se comunicaría con los gerentes de mi trabajo, de modo que todos se enterarían de lo que había hecho, hizo que prefiriera dejar que el malestar pasara por sí solo.

Cuando llegues a tu casa vas a dormir riquísimo, me aseguró el chamán cuando se despidió de mí. No me pudo haber dicho una mentira más grande. Le menté la madre en silencio, por temor a que me hiciera una brujería ahí mismo.

Alejandro manejó por toda la ciudad en plena madrugada, sólo para asegurarse de que se me pasara el efecto de ayahuasca antes de dejarme en casa. Intenté explicarle todo lo que había visto, lo que había sentido, pero lo que decía parecía salido de una historia de terror. Estaba asustada de pensar que todo fuera real en una dimensión desconocida.

Después de 45 minutos llegué a casa. Descubrí la cama para meterme entre las cobijas. No quería cerrar los ojos ni quedarme dormida y volver a entrar a esa dimensión maldita. De pendeja me vuelvo a dormir, pensé. Empecé a recapitular todo lo que había vivido y, para dejar evidencia (por si me moría después), saqué mi celular y grabé un audio narrando todo lo que recordaba. Después de una hora terminé de grabar. Si me muero y escuchan esto, van a pensar que me volví loca. Y tal vez así fue, dije al final del audio. Me sentía molesta, irritada conmigo y con Alejandro por haber hecho eso. Mentira todo lo de "al final te queda una sensación bonita, de mucho amor y mucha paz". Eso era lo que más me enojaba, la mentira y haber tirado a la basura 120 dólares. Mejor me hubiera ido un fin de semana a la playa, a meditar con las olas del mar, no a suicidarme con este pinche viaje astral. Traté de quedarme despierta el resto de la noche, pero en minutos mi cuerpo se sumergió en un profundo sueño, devastado, rendido. No lo pude evitar.

A la mañana siguiente me alegré por haber sobrevivido, pero aún me sentía molesta. Seguía débil y cansada, me levanté de la cama sólo para prender la computadora y conectarme a las juntas que tenía agendadas. Me disculpé con mis jefes, les dije que me sentía mal y me tomaría el resto del día. Lo único que quería era dormir. Tomé una siesta de tres horas y, cuando desperté, algo había cambiado.

Mi habitación se veía más iluminada, el viento hacía bailar las cortinas, disfruté el aire frío que acariciaba mi cara. Me senté en la cama, recargada en la pared, con los ojos bien abiertos, alerta, observando a mi alrededor como si algo estuviera a punto de suceder. Cerré los ojos, algo en mi interior me daba indicaciones de lo que debía hacer y, por primera vez, no tuve miedo. Con los ojos cerrados empecé a sentir mi habitación como si fuera un ser vivo, alguien que quería conversar conmigo y yo debía escuchar atenta. Después, unas palabras acudieron a mi mente y abrí los ojos sorprendida por lo que acababa de entender: "Todo lo que sale de ti viene del amor, respeto y agradecimiento". Repetí ese mantra y en cada repetición tenía más sentido. Sonreí y me sumergí entre las cobijas nuevamente. La Ayahuasca finalmente me estaba dando lo que me habían prometido, esa famosa sensación de felicidad y paz.

Estaba agradecida por el trabajo que tenía, aun cuando estaba segura de que ese no era mi lugar. Creí que era momento de dejarlo, incluso de cambiarme de casa, de ciudad, para buscar aquel lugar al que realmente pertenecía. Merecía darme esa oportunidad de experimentar, de conocer, de equivocarme hasta hallarlo, así fuera en la escritura o en cualquier otro lado. Total, había sobrevivido al día que sentí morir, pero no morí. Me imaginé escribiendo mi próxima novela, visitando diferentes cafeterías de la ciudad. Salir a correr al parque, comprar boletos de avión sin importar el destino, vivir nuevas experiencias. No tenía miedo a nada, no tenía límites.

Minutos después, mientras me regocijaba entre las sábanas y disfrutaba de ese olor a suavizante que añoraba la noche anterior, Alejandro me envió un mensaje al celular, preocupado por saber cómo seguía y me dedicó una canción de Sarmad:

Gracias por estar aquí, por hacerme feliz, gracias.
Gracias que ya amaneció, que ha salido el sol, gracias.
Gracias porque ayer llovió y todo cambio, gracias.

Lágrimas recorrieron mis mejillas, esta vez de felicidad. Mi cuerpo se sentía vivo, con energía. Me levanté de la cama, fui a la cocina a prepararme un café y después me di un baño. Mientras me movía de un lado a otro, no podía evitar cantar y bailar. Cargué a mi gato y bailé con él. No le gustó, me arañó. No me importó y lo abracé hasta que cedió a mis cariños y me respondió con ronroneos. Vieja loca, de seguro pensó. Era cierto lo que me había dicho Alejandro semanas atrás: necesitaba de la Ayahuasca, vivir esa experiencia, necesitaba depurar mi ser. Al final no me morí y, por el contrario, sentí que volví a nacer. Entre música y risas, le di la bienvenida a la nueva Ivette.

Ilustración: Ivette Landeros

Las cuatro entrevistas

—Ya está, lo voy a hacer, ya tomé la decisión —le dije a mi primo Xavier.

Nos encontrábamos en el patio de su casa entre un festín de carne asada, botanas y cervezas bien heladas. Le conté cómo había sido el ritual de Ayahuasca, de cómo había depurado emociones y cosas materiales y de la necesidad urgente de vivir mi sueño: aventarme al ruedo para convertirme en escritora.

—¡Claro! Yo así le hice para tener el negocio que tengo ahora, poco a poco fui dejando mi trabajo. Conmigo fue más difícil por los niños y la casa, pero tú no tienes compromiso con nada. Además, si se te atora algo ya sabes que cuentas conmigo —me dijo entusiasmado mientras me abría otra cerveza Bohemia oscura.

A Xavier lo consideraba una persona exitosa. Desde joven se destacó en todos sus proyectos, era mi ejemplo a seguir porque parecía que no le tenía miedo a emprender negocios. Un día vendía paneles solares, después ya estaba vendiendo productos de limpieza. Encontraba clientes y proveedores en todos lados, nunca lo veía quieto. Después, se dedicó a la organización de conciertos en todo México. En Tijuana, llenó varias veces el Foro, el Trompo, el Parque Morelos, con grupos como Caifanes, Molotov, Inspector, el Tri. Siempre tenía un plan más ambicioso que el anterior. Por eso quise decirle el mío. Sabía que, si alguien podía darme un buen consejo, era él.

—Nomás no seas avorazada —continuó con un tono más serio—, planea bien tus finanzas. Los primeros meses van a ser los más *perreados*, en lo que te acostumbras y encuentras clientes a quien venderle tus libros. ¿Cómo le vas a hacer con tu trabajo?

—Voy a renunciar en unos meses más —contesté segura.

—Maquilas hay un chingo, prima. Total, si no te gusta, de volada encuentras trabajo. Tienes maestría en administración, ¿no? Aquí es donde la vas a poner en práctica, en la vida real —hizo una pausa y se quedó pensativo— ¿Conoces a alguien que haya hecho lo que tú quieres hacer?

Me quedé absorta unos segundos. Recordé a Mariela, una amiga de la prepa. Había visto en sus redes sociales que haría un viaje por todo México durante cinco o seis meses. No creo que haga eso con la responsabilidad de un trabajo de oficina, pensé. Me daba la impresión de que también había dejado su trabajo para dedicarse a viajar de mochilazo. Quizá ella podría contarme su experiencia y me ayude a ver con mejor claridad lo que yo quiero hacer.

—Agárrate de gente que te pueda orientar más —continuó—, alguien que haya hecho lo que tú quieres hacer, alguien que viva de los libros, alguien que sea tu respaldo si es que necesitas regresar a la maquila. Haz tu investigación para que tengas diferentes puntos de vista reales, no el de tus amigas que seguro te apoyarán, pero ellas no te van a mantener, ¿verdad?

Tenía razón sobre mis amigas, por supuesto que me van a apoyar porque me quieren. Sin embargo, no necesitaba palmaditas en la espalda, necesitaba consejos que me ayudaran a materializar algo que sonaba irreal, imposible de lograr. Necesitaba que me dieran su retroalimentación sin temor a lastimarme.

A la mañana siguiente le mandé un mensaje a Mariela. Tenía años sin sostener una conversación con ella, fue incómodo escribir el intro de "Hola, ¿cómo estás? ¿cómo te ha ido? Tanto tiempo sin vernos. ¿Qué ha sido de ti?" Si alguien me escribiera después de muchos años e iniciara una conversación así, pensaría que quiere que compre Bitcoins para generar miles de dólares mientras desayuno tranquilamente en mi casa, como suelen decir esas personas en sus redes sociales.

Después de ese saludo incómodo y de confirmar que, efectivamente, había dejado su trabajo para convertirse en una trotamundos, me atreví a pedirle unos minutos para una llamada y que me diera los mejores consejos después de haber vivido esa experiencia.

Me daba vergüenza decirle que me interesaba dejar mi trabajo para dedicarme a las letras. Pensarlo suena de una manera, pero decirlo en voz alta a otras personas me ocasionaba miedo a ser juzgada, que me tacharan de ridícula o irresponsable. Mariela escuchó atenta mis intenciones y, para mi sorpresa, fue empática. Tomó en serio su papel de entrevistada y me enlistó sus mejores consejos, lo que a ella le funcionó y lo que no cuando también quiso dejar su trabajo para viajar por México.

Su primer consejo fue que le pusiera fecha a mi proyecto. De lo contrario, me pasaría la vida posponiendo el plan y nunca llegaría. Esa fecha tendría que ser en función a mis ahorros, al tiempo que podría estar sin salario, sin ingresos fijos. Si es necesario, la fecha se puede replantear. Pero siempre hay que saber cuándo queremos materializar un sueño, enfatizó.

Ella hizo un plan de finanzas, flujo de efectivo. Pensé en mis gastos fijos como renta, comidas, gasolina, gastos básicos como agua, luz, internet. Recortar aquellos de los que pueda prescindir como Netflix, Spotify y otras suscripciones que no le darán valor agregado a mi proyecto. Ella se fue por lo austero, vendió hasta su carro para no descapitalizarse. Mientras hacía sus planes de viaje, elegía quedarse en lugares céntricos donde pudiera caminar a casi cualquier lugar. Incluso buscaba quién le prestara una bicicleta para poder transportarse. Si yo vendo mi carro, ¿cómo le hago para moverme en Tijuana?, pensé preocupada. El sistema de transporte de mi ciudad es malo y en época de pandemia no es opción. Tampoco era opción vender mi carro; mejor administro bien mis viajes y la gasolina. Tomé un pedazo de papel y escribí lo más relevante que sugería Mariela. Al iniciar la llamada era como si tuviera un lienzo en blanco y, conforme compartía sus consejos, ese lienzo se llenaba de color, cada consejo era un pincelazo.

Después de darme sus mejores consejos también me compartió aquellas situaciones que se salieron de su control. El plan inició bien, los tres primeros meses fueron conforme a su itinerario. Recorrió Cancún, Oaxaca, Chiapas, hasta que pasó algo que no pudo prever: la pandemia. En marzo del 2020 abandonó todo y regresó a casa con su familia. Sólo puedo imaginar el miedo, la decepción, la frustración de tener que dejar su sueño para refugiarse y salvar su vida. Porque además del miedo a contagiarse, no tenía trabajo, todo lo había invertido en vuelos y hoteles que no le pudieron reembolsar. Iniciaba una de las peores crisis económicas del mundo y ella no tenía ingresos por ningún lado. Yo me volvería loca o estaría muy cerca de hacerlo. Era como si hubiera cavado su propia tumba por tomar decisiones como esa.

Lo que me sorprendió fue que, a pesar de tener el mundo en su contra y de entrar en crisis emocional, me aseguraba que, si pudiera regresar el tiempo, lo haría todo de la misma manera. Tuve la oportunidad que todos desean, me afirmó. Aunque sea por tres meses, pero lo hice. Mientras todo se calmaba ella consiguió un trabajo remoto y poco a poco recuperó lo que invirtió en los viajes que no pudo hacer. Definitivamente, Mariela está loca, pensé. Pero esa es la locura que necesito, porque me va a permitir ser valiente en los momentos difíciles. Ella encontró en esos tres meses la claridad que necesitaba, una prueba que la vida le mandó para saber si de verdad era lo que quería hacer. Lo que entendí fue que, después de varios golpes y caídas, se levantó de nuevo para volver a intentarlo.

Terminamos la llamada. A pesar de haber hablado con ella mientras vivía uno de sus momentos más difíciles, me contagiaba su entusiasmo por darse una segunda oportunidad. Tenía el ejemplo viviente de alguien que había dejado todo por cumplir una meta. La clave estaba en planearlo bien y tener la mente abierta a las oportunidades que se presentaran en el camino. Se escuchaba muy romántico, pero ella había podido hacerlo. También era una mujer soltera, en sus treinta, sin compromisos, harta de la maquiladora y con muchos sueños por cumplir.

Después de la plática que tuve con Mariela, me interesaba saber la opinión de alguien que me conociera profesionalmente y, al mismo tiempo, fuera ajeno a mis intereses personales para que me diera una opinión neutral. Entonces recordé a Luis Cárdenas, quien había sido mi jefe en la empresa en donde trabajaba y de la que le habían despedido cinco meses atrás.

Luis y yo trabajábamos muy bien en equipo. ¿Cómo vas con el plan de carrera? ¿Qué porcentaje de avance llevas con los entrenamientos de ética? ¿Cuándo empiezas con la encuesta de

Engagement?, podía hacerme esas preguntas y yo debía tener las respuestas inmediatamente. Me gustaba que me retara porque aprendía de ello. Teníamos días muy intensos de trabajo y otros más relajados donde había la oportunidad de convivir con todo el equipo. Por eso, cuando la empresa lo despidió, me impactó al grado de no saber cuál sería mi futuro, qué dirección tomaría. Luis se había ganado mi respeto y cariño, y la empresa tomó la estúpida decisión de dejarme sin cabeza.

Hablar con él podía llevarme a dos cosas: la primera, que me diera su aprobación para dejar mi trabajo, motivado por su nueva vida lejos de la maquiladora y lejos de Recursos Humanos. La segunda, que me dijera que era el peor error que podría cometer, que era privilegiada al tener un buen trabajo en tiempos de pandemia y que mejor me olvidara de mis sueños. Fuera cual fuera su opinión, quería saberla.

Invité a Luis a tomar un café, le comenté que tenía algo importante que decirle. Aceptó la invitación y en el café le expliqué detalladamente lo que había planeado hacer. Se sorprendió por la noticia, no se imaginó que yo quisiera hacer un cambio tan drástico de carrera. Creo que en el fondo se sintió orgulloso de mí, porque lo primero que dijo fue que reconocía mi valentía, que no cualquiera se armaba de valor para hacer lo que yo quería. Me atreví a compartirle mis ahorros y finanzas para saber si le hacía sentido, nadie más que él sabía cuánto ganaba y podía orientarme mejor. Además, desde que lo despidieran no había vuelto a trabajar en maquiladora, entonces tenía una visión del mundo exterior en donde yo quería estar.

—¿O sea que cuando te entrevisté me dijiste puras mentiras? ¿Me aceptaste el trabajo nomás para renunciar después? —me preguntó con una risa irónica.

—¡Claro que no! —respondí de inmediato—. Yo sí quería trabajar en la empresa, me gustó trabajar contigo, pero después de que te corrieron me ha costado mucho adaptarme —dije decepcionada.

—Mira, antes no podía decirlo, pero como ahora ya estoy afuera, sí te puedo decir que a la industria en la que estás le esperan cosas feas. Económicamente está mal, no hay ventas, el corporativo va a pedir cabezas —me explicó—. Si le tienes confianza al nuevo gerente, podrías hablar con él y ver si tu departamento va a ser de los afectados. Si sí, entonces pídele que te consideren para que te liquiden y te ganes una lana extra.

—¿Entonces se vale levantar la mano como Katniss Everdeen para ser voluntaria del próximo despido? —pregunté confundida.

—Sí, pero es un riesgo muy grande. Porque si dices que eres voluntaria y al final no despiden a nadie, vas a quedar mal por haber querido irte. Ten mucho cuidado con eso, hazlo sólo cuando veas que es casi un hecho. Si no, entonces sí mete tu renuncia. Avísales con unas tres o cuatro semanas de anticipación, no más.

—¡Pero en tres semanas no van a alcanzar a encontrar a alguien y todavía entregarles mi trabajo! —exclamé preocupada.

—Eso es algo para lo que la empresa debe estar preparada, ya no es bronca tuya.

Por su respuesta imaginé que seguía dolido con la empresa por haberlo despedido y que, incluso, le daba cierto orgullo sentirse mi cómplice por querer dejar mi trabajo. Le dio un trago a su café y después continuó.

—¿No tienes pensado casarte próximamente o tener hijos? —preguntó.

—No —contesté rápido.

Tenía poco que había terminado con mi novio, estaba en proceso de duelo, apenas reconciliándome conmigo y mi nueva vida de soltera, como para pensar en casarme y tener hijos en el corto o mediano plazo.

—¿Tampoco tienes deudas con tu carro o vas a comprar una casa?

—Tampoco —y sonreí al entender a dónde quería llegar con sus preguntas.

—Entonces haz lo que quieras. Si te equivocas, no te llevas a nadie entre las patas. El error sería tuyo nada más. Si hay un momento ideal para hacer esto, es ahora. Esta es tu oportunidad. Si tuvieras hijos, te diría que lo pensaras dos veces, pero no es el caso.

Sus palabras me dieron confianza. Me dio esa palmadita en la espalda que yo esperaba, no nada más porque viniera de alguien a quien aprecio, sino porque me aconsejaba basándose en hechos, en cosas objetivas. No se comparaba mi situación económica con la de él, siendo gerente regional era obvio que le habían dado una buena liquidación. Pero si él había podido sobrevivir sin un sueldo fijo durante meses, con una familia que mantener, escuelas que pagar, lujos que conservar, yo también podía hacerlo.

—¿Y qué vas a hacer con tanto tiempo libre? ¿No te vas a aburrir sin hacer nada? —preguntó.

—Nunca dije que iba a estar de floja. Voy a trabajar, pero en lo mío, creo… —contesté dudosa.

—Y eso es… ¿escribir? ¿Sólo harás eso? ¿Cuántos libros tendrás que vender? No tengo idea de cómo vive un escritor.

Me reí. Los escritores vivimos de la locura cuando no podemos ser creativos, los pequeños destellos de inspiración llegan tan rápido como se van. Sin embargo, no me había puesto a pensar en eso. Sólo sabía que quería hacer lo que me gustaba: leer y escribir. Pero, ¿en qué momento eso era un trabajo? Nadie iba a pagarme por leer y escribir.

—No lo sé aún, Luis. Tendré dinero suficiente para hacer nada durante algunos meses. Descansar. Ya pensaré en algo para sacar dinero, no te preocupes —contesté tratando de justificarle, cuando en realidad a la única que quería convencer era a mí.

—Yo no me preocupo, la que debería de preocuparse eres tú. Está bien si en este momento no sabes la respuesta, nomás espero que sí planees algo al respecto.

Cuando llegué a casa, prendí mi *laptop* para buscar empleos en línea, algo que me diera un sueldo fijo haciendo cosas sencillas para mí como corregir ortografía en blogs, redactar publicaciones en sitios web, traducir textos. Desafortunadamente, todo lo que encontré solicitaba experiencia; por supuesto que la tenía, pero no había manera de comprobarlo. Y no sólo eso, la competencia por obtener esos trabajos era mucha, de gente mejor preparada que yo. Me abrumé y cerré Google. Otro día buscaré con más calma, pensé.

Me levanté y observé mi librero, pasé la yema de los dedos por cada uno de los libros e imaginé a todos los escritores que había detrás de esas historias. ¿Cómo le hicieron ellos para lograr que yo tuviera sus libros? ¿Cómo empezaron a vivir de sus letras?, me pregunté. Isabel Allende se dio a conocer en el mundo de la literatura con su libro *La casa de los espíritus,* en una de las épocas más difíciles. Al ser mujer tenía que trabajar el doble para ganar la mitad de lo que le daban a un hombre por hacer lo mismo que ella. A las Hijas de la Pandemia, el grupo de escritoras mexicanas que surgieron a partir del confinamiento, como Sophie Goldberg, Tamara Trottner, Mónica Salmón, Mónica Castellanos, Sofía Segovia, Ethel Krauze, entre otras, les bastó con escribir una buena novela para que todos supiéramos de ellas.

Investigué un poco más y estaba equivocada: su carrera en la literatura empezó mucho antes, como comunicólogas, redactoras de revistas, con un largo camino dedicado a las letras y que, muchos años después, llegaron a oídos de grandes editoriales, publicaron sus novelas, y en menos de lo que canta un gallo ya tenía algunas de ellas en mi librero.

Tomé uno de los libros al azar, era *El origen de las cosas* de Juan José Luna, quien casualmente fue mi maestro de escritura y era director de la Escuela de Letras Sanblás. Había encontrado a mi próximo entrevistado.

Fui a visitar a Xavier para platicarle sobre las entrevistas que había hecho. Esperaba que él se emocionara conmigo y me dijera ¡Felicidades, sigue así! Vas por buen camino. Pero lejos de un comentario alentador, me hizo una pregunta que me sacó de balance.

—¿Les pediste su opinión o su aprobación? —preguntó mientras se recargaba en el respaldo de la silla, alzando el mentón, retándome, como cuando un detective se dirige a su investigado en una sala de interrogación.

—Su... ¿opinión? —contesté en voz baja, insegura.

Cuando escuché ambas palabras en la pregunta parecía como si opinión y aprobación fueran sinónimos. Xavier me veía a los ojos como esperando a que recapacitara mi respuesta y le dijera lo que no había considerado hasta ese momento: buscaba aceptación de la gente para encontrar el valor que no encontraba en mí. No podía tomar esa decisión sola. Todo el coraje que me había llevado hasta ahí se empezaba a desvanecer. Me decepcioné.

—¿Qué vas a hacer si uno de ellos te dice que es una pésima idea? ¿Vas a renunciar o no vas a renunciar? —insistió.

Estaba vulnerable, todas mis ideas empezaron a chocar, no quise contestar por temor a que eso desatara más preguntas hasta dejarme sin respuestas.

Voy a renunciar de todos modos, dije finalmente. La aprobación de ellos me da cierta confianza, es cierto. Pero si alguien me dice que es la peor idea, entonces indagaré por qué es una pésima idea y trabajaré en eso. Si me dicen que estoy mal porque voy a poner en riesgo mis finanzas, entonces me aseguraré de generar ingresos a como dé lugar. No soy tonta como para dejarme morir de hambre, tengo la capacidad de buscar opciones, invertir, vender, trabajar en lo que sea que no me desgaste tanto ni me quite tiempo para poder escribir y promover mi libro.

Aun así, mi respuesta no me convenció, lo dije para convencerlo de algo que debía convencerme a mí primero. A él podía engañarlo, a mí no.

Me dijo que seguía con la duda de cómo vive un escritor, cómo es su día a día. Sugirió que hiciera un ejercicio, así como él planeaba un concierto: imaginaba el día del evento, observaba en su mente todo lo que había alrededor y cómo había llegado cada cosa; elaboraba un itinerario para que no hiciera falta nada en los camerinos de los artistas, las luces, el sonido, la seguridad del recinto, etcétera. Lo que yo debía hacer era imaginar mi primer día como escritora de tiempo completo, ¿qué haré de las 8 de la mañana a las 10 de la noche? Mis sueños eran una cosa, pero la realidad podía ser otra. Trabajar en una maquiladora hace todo rutinario: de 7 de la mañana a 6 de la tarde es vivir en la oficina y, a partir de ahí, con el tiempo restante, hacer malabares con el tiempo para descansar, hacer ejercicio, leer, cocinar, lavar los trastes. Una vez que renunciara a mi trabajo tendría 24 horas a mi disposición, ¿qué haría con él?

Xavier terminó con las preguntas y me explicó el porqué del interrogatorio. Cuando él decidió emprender sus diferentes negocios, mucha gente lo alentó para que lo hiciera; pero cuando empezó a tener problemas, no tenía a nadie alrededor que lo motivara a seguir. Sin embargo, él buscaba soluciones para continuar. Él quería que sus hijos vieran que las dificultades se trabajan, que renunciar a los sueños es la salida más fácil, pero no la que te va a llevar al éxito.

Días después le escribí a Juan José Luna, mi maestro de escritura. Si alguien podía decirme lo que hace un escritor en su día a día, era él.

Se encontraba de viaje en Baja California Sur, pero me permitió agendar una llamada por *Zoom* para sentir que estábamos en persona. Para mi sorpresa, me contestó inmediatamente sugiriendo llamarnos al día siguiente. Una de dos: quiere que le cuente el chisme completo o está tan aburrido en algún lugar del desierto y quiere platicar con quien sea, pensé.

Nos conectamos a la videollamada y lo primero que vi fue a un Juan José perfectamente bronceado. ¡Qué bien la pasan los escritores! Antes de hablar del tema principal me platicó sobre todos los lugares que había conocido, las playas que había visitado, lo bien que la estaba pasando. Que había tenido oportunidad de leer y escribir mucho, de disfrutar sus momentos de soledad frente a playas vírgenes y paisajes donde abundaba el mar, la arena y los cardones, muchos cardones. Llevaba cuatro meses de viaje y no quería regresar a Tijuana. Él estaba viviendo mi sueño y yo quería saber cómo lo había conseguido.

No me sorprende lo que quieres hacer, Ivette, comentó después de escuchar mi plan atentamente. Juan José se caracteriza por ser brutalmente honesto, tanto en su escritura como en su manera de hablar. Me explicó que él mismo se había lanzado a la aventura de encontrar su pasión en la vida desde muy temprana edad. Que no le sorprendía para nada que alguien dejara todo para buscar lo que realmente le hace feliz. Lo que sí le sorprendía era que yo encontrara el coraje para hacerlo.

¿Por qué no puedes seguir en tu trabajo y, al mismo tiempo, hacer lo que te gusta?, me preguntó. Él trabajaba, daba clases en una universidad, daba talleres de escritura y escribía. Tal vez sus clases no le consumían tanto tiempo como a mí la oficina, sin embargo, había algo de verdad en lo que Juan José sugería: *Sofía 26* la empecé y terminé en mis horas libres mientras tenía un trabajo de tiempo completo. Dudé de mi plan nuevamente. Quizá no era necesario hacer un cambio tan drástico, sólo era cuestión de organizar mis tiempos, de sacrificar otras cosas y no un ingreso fijo y demás prestaciones que iba a cortar de tajo. Mierda, no sé si estoy predispuesta por la plática previa con Xavier o en verdad estoy teniendo un golpe de realidad, pensé.

Recordé una biografía que leí meses antes sobre la diseñadora de moda Vera Wang. Se mencionaba, entre muchas cosas, que durante dieciséis años había trabajado como editora de la revista Vogue y dos años para Ralph Lauren antes de hacerse independiente a sus 40 años. Hasta ella tuvo que ser empleada de alguien para poder convertirse en una de las diseñadoras de vestidos de novia más importante del mundo.

Viajar durante tanto tiempo no era sinónimo de éxito, me dio a entender Juan José. Para poder irse tuvo que subarrendar su casa en Tijuana, vender no sé cuántas cosas, vivir en la austeridad por no sé cuánto tiempo y mantener su trabajo como maestro universitario. Yo no era una mujer que viviera en la austeridad: estaba acostumbrada a mi departamento amplio, mi cama cómoda, mi baño privado, mi carro y a comer en restaurantes. No estaba segura de poder sacrificar tanto para hacer lo mismo que él. Me decepcioné de nuevo, me acobardé de algo que según yo estaba segura de hacer. ¿Dónde estaba la nueva Ivette que me habían prometido tras la ceremonia de Ayahuasca?

Esa entrevista me dejó con muchas dudas. Mi idea era muy romántica y vi la realidad a través de Juan José. Una realidad cruda, sin lujos, con emociones al límite, algo totalmente fuera de mi zona de confort. ¿Estás segura de que esto es lo que quieres hacer?, me pregunté en silencio.

En medio del caos por no saber qué hacer con mi vida, Juan José Alonso, mi profesor de la maestría, me escribió para pedirme que le vendiera un ejemplar de *Sofía 26*. Su mensaje era conciso, tajante, me tomó por sorpresa porque no era de las personas con quien conversaba comúnmente, nuestra interacción era casi nula desde que terminé el posgrado algunos años atrás. Sin embargo, se trataba del maestro, catedrático, emprendedor, consultor Juan José Alonso Llera. ¿Por qué estaba interesado en mi novela? No creía que fuera el tipo de libro que le gustaría leer algo como lo que yo escribí. *Sofía 26* estuvo guardada en mi almacén personal; o sea, mi departamento, durante algunos meses antes de distribuirlo en librerías. Así que ofrecí llevarle el libro a su casa o encontrarnos en algún punto medio, pero insistió en "no querer causarme molestia" e ir por él a donde yo me encontrara, y accedí.

Es todo un personaje: viaja por todo el mundo por placer y por negocios, es catedrático de las mejores universidades del país, es titular de un programa de radio y televisión llamado *Emprendedores en Acción* y, según sus redes sociales, es amante del vino, de la comida y de manejar en carretera con su club de motociclistas cincuentones. He visto que le gusta dar su opinión sobre los temas políticos y económicos que agobian a la localidad y al país por el simple placer de causar controversia, de hacer ruido, de hacerse notar. Por eso me gustó tenerlo de maestro, siempre había una historia que escuchar, una idea que debatir.

Me da mucha curiosidad leerte, me explicó. Tengo varios exalumnos que también han escrito libros, no todos son buenos. Una de ellas escribió de su vida amorosa, ¡qué flojera! Vamos a ver de qué trata el tuyo. Ese comentario lo hizo cuando le entregué el libro, casi me arrepentí de dárselo, lo va a destrozar, pensé. Me sentí chiquita. A pesar de que defiendo la historia de *Sofía 26* como una madre defiende a su hijo, fue la primera vez que me sentí insegura y temerosa de que a alguien no le gustara, que hiciera una crítica negativa en las redes sociales. Di un respiro y pensé: no todos los libros son para todos, relájate.

Estábamos en la calle afuera de mi departamento, con sana distancia y cubrebocas por aquello del Covid. Sólo iba por el libro, no le iba a tomar mucho tiempo. Mientras me platicaba sobre los últimos libros que había leído y por qué le habían gustado o disgustado, pensé que, si supiera lo que estaba a punto de hacer con mi vida, seguramente destruiría mi plan en dos segundos. Después, esa idea adquirió total sentido. Así como le gustaba dar su opinión de cualquier tema de interés, seguro tendría una opinión valiosa de los planes que yo quería hacer. Antes de despedirnos y que se subiera a su carro, le pedí que nos reuniéramos de nuevo para que me diera su retroalimentación de *Sofía 26* y de unos planes que traía en mente sobre la escritura. Búscame en tres semanas, ya que regrese de viaje, y con gusto platicamos —me dijo y se despidió.

Tres semanas después estaba en su departamento, un jueves por la mañana. Ahí vas a meterte a la boca del lobo, Ivette, pensé al imaginar que me daría un comentario crudo y sarcástico sobre mi novela. Juan José se fue a la cocina a prepararnos café y yo me fui directo al librero que abarcaba toda la pared de su comedor, de piso a techo. ¿Algo así sería la biblioteca del tío Paco que describe Benito Taibo en *Persona Normal*? Si algo tenemos los escritores, es una debilidad por las bibliotecas y librerías. En mi caso, por las bibliotecas personales; ellas me pueden decir cómo es el dueño de esos libros. No me sorprendió ver tanta variedad de títulos, autores y temas: religión, política, viajes, vinos, comida, novelas, biografías. Busqué a *Sofía 26*, estaba en medio de dos libros: uno llamado *Hombres Escurridizos*, del Dr. Correa Bernier, y el otro, *Dios también usa a los débiles*, del mismo autor. Vaya compañía que se carga *Sofía*, pensé.

Terminé de leer tu libro. Está entretenido, me gustó, dijo sin ningún tono que me indicara alguna emoción, colocando las dos tazas de café en la mesa del comedor. Analicé su respuesta, al principio la entendí como cuando ves una película y la calificas como *palomera*, como si te diera igual ver esa película o cualquier otra, y no me gustaba esa calificación para mi libro. Después, me di cuenta de que mi libro cumplió su cometido: entretener al lector. Para eso son los libros, para divertir, recrear, sumergirse en el mundo que el escritor nos muestra. Entonces sentí satisfacción de que mi libro le hubiera entretenido y, mejor aún, que hubiera sido de su agrado. También me di cuenta de que, nuevamente, buscaba la aprobación de alguien más. Quería dejar de hacer eso y ya no esperar la aceptación de la gente para tomar decisiones.

Al finalizar mi taza de café, le dije todo sobre lo que quería hacer con mi carrera profesional, con lo inconforme que me sentía en mi trabajo y mis ganas de trascender con la escritura. A partir de ahí, esa plática se convirtió en una sesión de consultoría. Me explicó que hay diferentes tipos de motivación, y la trascendencia es un factor determinante para tomar decisiones. Me aconsejó que me diversificara, que no esperara vivir de la escritura solamente escribiendo un libro. Debía buscar diversificarme antes de renunciar al trabajo.

Pensé en dar talleres de escritura, como ya me había dicho Juan José Luna, o en hacer traducciones, escribir para blogs. En la universidad vendía ensayos y corregía ortografía a los trabajos finales, seguro podía hacer algo parecido. También me pidió que no viera esta salida como año sabático, porque si lo veía como descanso, cualquier cosa que lograra sería buena, pero quizá no sería lo que quería. Necesitaba ver a dónde quería llegar. Cuando mencioné que quería ser una escritora exitosa, preguntó ¿y eso qué es?, ¿cómo sabe un escritor que es exitoso? Era una pregunta interesante. Cada escritor tenía su definición de éxito: para algunos era el reconocimiento, la popularidad, los seguidores en redes sociales, ser los más vendidos en Amazon. Para otros era ser publicados por las grandes editoriales. Otros, ser exitoso se reflejaba en el dinero obtenido de las ventas de libros. ¿Yo qué quería? Vivir de mis historias. ¿Era posible hacer eso? ¿Vivir de eso? ¿Pagar la renta de mi casa con eso? Me aclaró que vivir de los *hobbies* también requiere dedicación, salirme de mi zona de confort. Eso sería lo que me costaría más. Lo curioso de vivir en una zona de confort, es que no sabes qué es vivir fuera de esa zona. Había crecido en una familia que todo el tiempo había dependido de un empleador para pagar las deudas. Yo sólo conocía trabajos donde cada semana recibía mi salario, no importaba si trabajaba mucho o poco; mi salario siempre era íntegro. No sabía si salir de ese esquema era trabajar más o menos de lo que ya hacía. ¿Podría con ese estilo de vida? ¿Seré buena jefa conmigo misma? No lo sabía, pero estaba dispuesta a averiguarlo.

Al finalizar, citó una frase de la serie *Los Soprano*: es mejor tomar una decisión mala, a no tomarla. Juan José no me dijo que mi plan era bueno o malo, simplemente era una decisión que debía tomar para finalmente saber si era buena o mala.

*"You know, there's only three steps into that ring.
Just three. And tonight, it's going to look as high as a
mountain. And when you climb through them ropes,
it's going to be the loneliest place in the world because
you're going to be in there with another fighter who
wants to take you out. So now, you got to ask yourself,
are you here to prove something to other people, or
prove something to yourself?"*

Rocky Balboa

El instante que reúne todos los instantes

"La narración alivia la pesadilla de la historia"

—Ricardo Piglia

"Xavier tiene COVID, se encuentra aislado en casa", fue el mensaje que nos conmocionó a toda la familia. Algunos tíos y primos ya se habían enfermado de ese virus, incluidos mis papás, pero ninguno de gravedad; solamente los típicos síntomas de gripa, tos, ausencia de olfato y gusto. Sin embargo, nos dijeron que tenía noches sin dormir debido a una tos persistente y se había vuelto común que su temperatura subiera hasta los 38 °C. Me preocupé sin querer alarmarme, era un hombre fuerte de 40 años. Todos sabíamos que, en el mejor de los casos, el virus duraba alrededor de quince días en el cuerpo, después empezaba la recuperación. Con Xavier, sucedió todo lo contrario.

Los días siguientes le mandé mensajes para hacerle saber que estaba al pendiente, que esperaba su pronta recuperación para volver a reunirnos a tomar unas cervezas y platicar sobre los planes a futuro. Hablaba con el resto de mis primos casi todos los días, nos preguntábamos por qué no mejoraba, cuestionábamos las atenciones médicas, los medicamentos, los cuidados. Todos nos sentíamos expertos en el tema al opinar lo más conveniente para él. La preocupación subió de nivel cuando en su día 14 requirió tanque de oxígeno, su saturación de oxígeno bajó de los 90 y el doctor le indicó que, de seguir así, sería necesaria su hospitalización. Los mensajes que le envié a partir de ahí ya no eran para hacer planes de reunirnos, eran para decirle cuánto lo quería. Yo también te quiero, me contestó.

La noche que la ambulancia llegó a su casa para llevarlo al hospital, su doctor le dijo que era necesario intubarlo, sus pulmones se debilitaban cada minuto, la inflamación de sus bronquios no le permitía respirar. Según la versión de mi tía, Xavier dio su consentimiento porque había la esperanza de que durante el fin de semana tuviera una mejoría y entonces podrían sacarlo del coma inducido. No dudo de su valentía, pero cuando estás en un lugar rodeado de enfermos con la muerte rondando en los pasillos, temes por tu vida aun estando bajo los cuidados de los mejores médicos.

Yo no concebía esa situación, nadie de la familia lo hacía. Me sentía impotente al no poder hacer nada para ayudarlo. Tenía mis ahorros, destinados para mi nueva profesión, y en ese momento sentí que lo correcto era disponer de él para los honorarios médicos de Xavier, no podía haber otra prioridad. ¿A quién le tengo que rezar para que se recupere? ¿A qué médico tenemos que traer para que lo cure?, me preguntaba. Después de cinco días en el hospital, el Covid ya no era tema, ese virus había entrado y salido de su cuerpo, dejando una serie de padecimientos y su cuerpo más débil que nunca. Mi primo seguía sin despertar.

2 de agosto de 2021, 7:00 am

Como cada lunes, llegué a la oficina directo a revisar la nómina del personal. Hice unas llamadas para aclarar omisiones de checadas y retardos de mi equipo. Olvidé checar, el camión llegó tarde, mi hija amaneció enferma, eran las justificaciones más comunes. Después, me fui a piso de producción a atender un par de juntas. Al terminar una de ellas, un ingeniero se me acercó para preguntarme si me sentía bien. A pesar de que la mitad de mi cara estaba tapada con el cubrebocas, mis ojos tenían unas evidentes ojeras, mis párpados estaban hinchados por haber llorado la noche anterior. No quise darle explicaciones porque temí soltar el llanto en medio de todos los gerentes y supervisores. Regresé a mi lugar, tomé mi lonchera y saqué mi *tupper* para desayunar. El café seguía caliente en el termo. Cerré los ojos, respiré profundo para disfrutar ese momento de tranquilidad y de mi pan francés con frutos rojos que me había preparado la noche anterior. Una delicia para un día amargo.

Después de tener a Xavier boca abajo durante cinco días, los doctores decidieron voltearlo boca arriba. Su cara presentaba llagas por el contacto constante con la cama. Mi prima notificó a la familia por mensaje que, además, estaba muy hinchado, sus riñones no estaban funcionando bien y estaba reteniendo líquidos. Después de platicarlo con el equipo médico, determinaron que era momento de hacerle una segunda hemodiálisis. Se movilizaron para prepararlo e iniciar con el procedimiento lo antes posible. Si todo salía bien y lograban recuperar la vitalidad de sus riñones, había una ligera posibilidad de que el resto de sus órganos mejoraran también. Las esperanzas eran débiles, como el cuerpo de Xavier. La primera hemodiálisis no había funcionado como se esperaba, existía la posibilidad que la segunda fuera un fracaso. Sin embargo, no había otra opción. Su mamá y su hermana decidieron aceptar todas las sugerencias de los doctores, dejar su vida en sus manos. La cuenta del hospital incrementaba, así como las posibilidades de que él no despertara.

10:00 a. m.

Entré a la oficina de Recursos Humanos y todos estaban con caras largas, serios, olía a preocupación. Me quedé viéndolos, esperando a que alguien me dijera algo, quién los había regañado, por qué nadie platicaba. Nada. El escritorio de una de ellas tenía una torre de folders que minutos antes no estaban ahí. Abrió uno de ellos y vi un cheque. ¡Son finiquitos! Pregunté y me confirmaron que estaban por hacer otro recorte de personal, que ese día se irían veinte personas. Debí hablar antes con Ulises, mi jefe, para ser voluntaria, ¡pero qué tonta fui! Tuve la oportunidad en mis manos y era demasiado tarde. Los veinte nombres ya estaban escritos, ya estaban decididos. Pero ¿y si no era tan tarde? ¿Y si tomaba la iniciativa y hablaba con Ulises para pedirle que me liquidaran a mí en vez de a alguien más?

Le entregaron a mi tía los resultados de unos análisis, mientras la hemodiálisis estaba en proceso. No pintaban bien. El corazón de Xavier se había debilitado, sus intestinos se empezaban a atrofiar. Una nueva bacteria se había anidado en sus pulmones. Tenía más enfermedades que el día que ingresó al hospital. Sólo quedaba esperar a que eliminaran las toxinas de la sangre y que un milagro intercediera en las manos de los médicos.

Minutos después, el seguro médico anunció que, debido a unas irregularidades en la información y antecedentes clínicos de mi primo, no podría hacerse cargo del pago del hospital. En ese momento, mi prima hizo un comunicado a través de sus redes sociales, solicitó apoyo económico a todos sus conocidos.

Ahora había un problema más por resolver. Una cuenta millonaria que pagar. La salud y la vida de Xavier corrían peligro.

1:00 p. m.

Toda la mañana intenté hablar con Ulises, pero fue imposible coincidir con él. Tomé mi lonchera nuevamente, esta vez para calentar mi comida. Salía de mi oficina cuando me mandó llamar: ¿puedes venir un momento? Quise explicarle que estaba a punto de comer, que me diera unos minutos. Insistió y fui a su oficina con todo y lonchera.

Me senté.

Mi celular empezó a sonar y, sin voltear a ver, lo puse en silencio para escuchar atentamente lo que quería decirme.

Como bien sabes, la situación de la empresa no está bien y nos llevan a un lugar donde tenemos que tomar decisiones… ¿Me van a correr? ¿Van a correr a alguien más de mi equipo?, pensé mientras me daba una explicación de las finanzas del corporativo y de la planta en Tijuana. Me quedé en silencio, queriendo adivinar a dónde llevaba tanta plática.

Los mensajes no paraban de llegar. Volteé de reojo al celular y vi que se trataba de mi familia. Sin querer poner atención en su contenido, vi algunas palabras clave: "Nuestras oraciones siguen con él, no perdamos la fe, estamos con ustedes, Dios mío haznos un milagro." Mi corazón estaba agitado, quería entender lo que pasaba, pero también quería saber qué era lo que tenía que decir mi jefe. Después, un mensaje de mi papá. Esto no podía estar bien, decía. "Por favor, comunícate conmigo en cuanto puedas." Con dos noticias que estaban a punto de cambiar mi vida, tuve que tomar la decisión de enfocarme en una sola. Podía interrumpir para salirme y hablar con mi familia para saber lo que pasaba, llorar en mi oficina mientras mi papá me daba la mala noticia; sin embargo, creí que lo mejor que podía hacer era escuchar una cosa a la vez y desear que pasara lo más rápido posible.

Ulises, por favor, date prisa en lo que me quieras decir, no tengo tiempo para sermones, pensé. Finalmente concluyó con la frase: La empresa tomó la decisión de eliminar tu puesto a partir de este momento.

Llamada entrante de mi papá. Colgué. Intuía lo que pasaba: Xavier se estaba muriendo en el instante en que mi jefe me despedía.

Ulises continuaba explicando por qué la empresa tomaba la decisión de despedirme, lamentaba la situación. Sólo escuché lo mal que se sentía, que me ofrecía su apoyo para encontrar trabajo, que me recomendaría entre sus colegas de recursos humanos. ¿Y quién le dijo que me interesaba buscar trabajo en ese momento? ¿Quién le dijo que necesitaba de su ayuda? ¿Con qué cara les dirá a los otros gerentes "la corrimos, pero aquí te va su carta de recomendación"? A nadie despiden por ser buena, pensé, molesta. Dado que deseaba ver a Xavier, sólo quería firmar mi cheque y salir corriendo de ahí.

Cuando creí que por fin me dejarían ir, llegó Víctor Nolasco, el gerente regional de Recursos Humanos, a darme sus condolencias, o al menos así lo sentí. Nuevamente, el discurso de cuánto lamentaban la situación, me aclaró que mi desempeño no había sido el problema. Víctor, tengo un plan, no me voy a morir de hambre, estaré bien, le dije para que dejaran de repetirme el mismo sermón. Me pidió que, antes de hacer entrega de mi *laptop* y celular de la empresa, les explicara rápidamente los pendientes. Tenía tan solo 30 minutos, máximo, para navegar entre mis archivos y señalarles los proyectos a los que seguramente nadie les daría seguimiento. Sólo abrí *Mis Documentos* y les mostré las carpetas donde encontrarían toda la información. No había necesidad de usar esos 30 minutos. Les pedí que, en lugar de perder tiempo explicando cosas que ni siquiera me iban a entender, me permitieran despedirme de mi equipo. No me dejaron porque no querían causar pánico en la empresa. ¡Tenían cinco horas despidiendo gente y creían que el mío era el que les iba a ocasionar pánico!

Me dejaron salir de la oficina para tomar mis cosas personales. Mis piernas y brazos temblaban, mi respiración estaba agitada y me sentía mareada. Di unos pasos para entrar a mi oficina y me recargué en la silla para tomar aire. Vi que sobre el escritorio me habían puesto una caja de cartón vacía y quise llorar de rabia, porque eso no había sido lo que imaginé para mi último día de trabajo. Yo tenía un plan para seis semanas después, entregar mis pendientes con tiempo, entrenar a otra persona para que diera continuidad a los proyectos, que se sintiera lo menos posible ese cambio. Pero no. A las empresas no les importa darte una patada en el culo cuando ya no te necesitan.

Sonó mi teléfono, nuevamente era mi papá. Contesté y no lo dejé hablar. Te marco en cinco minutos, ahora me resulta imposible hablar contigo, ¿está bien? Esperé a que me confirmara mi instrucción y colgué. Ya falta menos, ya voy a salir, guarda tus cosas y vete, pensé.

Tomé mi planta, mis fotos, las postales que había pegado en el pizarrón como recuerdo de todos mis viajes, cuadernos, plumas y la lonchera con la comida que ya ni siquiera me apetecía. Guardé todo en esa caja de cartón y salí de la oficina. No quise voltear a ver a nadie porque sentía que todos a mi alrededor me veían y pensaban: mira, la acaban de correr por ineficiente.

Mientras caminaba por el pasillo sólo podía pensar en lo que seguía; debía llamar a mi papá, ir a casa de mi tía, afrontar la noticia que más había temido durante las semanas previas. Quería llorar, pero no me permití hacerlo, necesitaba pensar con claridad para poder manejar. ¿Cómo estará mi tía? ¿Cómo estará mi prima? No podía imaginar el dolor que sentían.

Llegué a la puerta del edificio, la abrí y el sol me encandiló, un aire caliente sopló en mi cara para alertarme que se avecinaba algo difícil. Subí a mi carro y arranqué sin mirar atrás. Tomé mi celular en cuanto crucé el portón eléctrico y le llamé a mi papá. Dime en resumen qué pasó y a dónde me tengo que dirigir, le pregunté. En estos momentos están en el hospital, no hay nada más que hacer por nuestro Xavi. Lo van a desconectar en cualquier momento, me contestó.

* * *

Conduje un par de cuadras mientras las palabras de mi papá resonaban en mi cabeza. Finalmente me orillé, puse el freno de mano y con todas mis fuerzas apreté el volante y grité para después ahogar ese grito en llanto. Golpeé todo lo que mis manos alcanzaban, pero no me dolía. Mi cabeza no alcanzaba a asimilar todo lo que había pasado en los últimos minutos. Me limpié la cara con una servilleta y puse mi *playlist* de Foo Fighters a todo volumen. Los *riffs* de *My Hero* comenzaron a sonar.

> *Too alarmin' now to talk about*
> *Take your pictures down and shake it out*

La ciudad estaba tranquila, parecía que los semáforos se alineaban para que pudiera llegar con mi familia lo antes posible. Xavier no está muerto, pensaba, todavía puede ocurrir un milagro. Estaba segura de que algo podía cambiar la opinión de los doctores, que no lo abandonarían hasta que despertara.

Truth or consequence, say it aloud
Use that evidence, race it around

Antes de ir con mi tía, hice una parada en mi casa para dejar la caja con las cosas de la oficina. Abrí la puerta y dejé caer la caja en el pasillo, misma que no volví a tocar hasta semanas después. Fui a mi cuarto y, sin pensarlo, me quité la ropa y me puse unos pantalones deportivos que estaban en el piso con una camiseta y unos tenis. Me metí al baño, me vi al espejo, mi cara estaba destruida. Me eché agua fría para bajar un poco lo hinchado, me sequé y salí del baño. Tomé mi bolsa y salí de la casa.

There goes my hero, watch him as he goes
There goes my hero, he's ordinary

Llegué a casa de mi tía, segundos después llegó ella también. Venían del hospital, recordé. Se bajó de su carro y mi prima junto con ella. Al llegar a la puerta de la casa, se abrazaron y empezaron a llorar. Tragué saliva. Lo dejaron morir, los doctores lo dejaron morir.

Kudos, my hero, leavin' all the mess
You know my hero, the one that's on

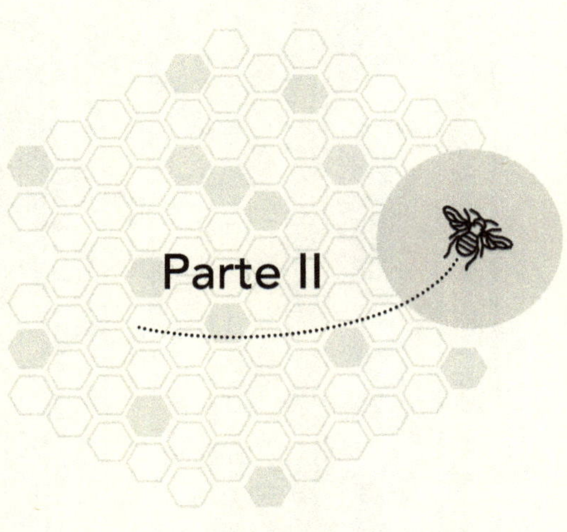

Parte II

Confía en el proceso

Respira. Nadie a tu alrededor te está robando el aire, respira. Siente lo que tus manos están tocando, siente las sábanas, el olor a lavanda, escucha los grillos desde la ventana. Abre los ojos, estás en tu habitación, no corres ningún peligro, nada malo va a pasar, nadie quiere hacerte daño, no te falta nada.

¿En qué puedo ayudarte?, preguntó mi psicóloga en la primera cita. No sabía por dónde empezar: ¿del trabajo que me despidieron?, ¿de la muerte de Xavier?, ¿de mis ataques de pánico?, ¿de mi miedo a la muerte?, ¿de que tenía semanas sin dormir?

Empecé por el principio, el orden cronológico de las cosas. Había llegado a un punto en donde había perdido el control de mis pensamientos, de mi cuerpo; temía hacerme daño y que eso fuera irreversible.

No sabía cómo explicar que no había podido ir al funeral de mi primo porque me dio un ataque de pánico afuera de la iglesia, justo antes de agarrar camino al panteón. Pensé que era egoísta por sentir dolor cuando mi tía y mi prima tenían más fuerzas que yo para afrontar ese momento. Ese día, con lágrimas en los ojos, me disculpé y me fui a mi carro, a nadie pareció importarle. Me odié por no estar con mi familia, por ser débil; sentí vergüenza porque era la única que no estaría ahí. Me odié porque, aun sabiendo esto, no era suficiente para bajarme y hacer un esfuerzo para dar el último adiós a Xavier.

Tenía días sin lograr conciliar el sueño. Con suerte dormitaba un par de horas en la madrugada. Las noches se me iban en ataques de pánico, en pensar en la muerte. En desear que Xavier no hubiera sufrido en sus últimas horas, que se hubiera ido en paz. Me causaba dolor pensar en su dolor. ¿Habrá sentido miedo? ¿Habrá querido despertar? ¿Habrá querido decir algo antes de partir? Durante cuatro semanas toda la familia tuvo de cerca a la muerte, convivimos con ella, hablamos con ella, hasta que se llevó a uno de nosotros. ¿Quién soy yo para que me haya perdonado la vida? Yo también pude haber enfermado, también pude contagiarme, pero la muerte lo escogió a él. Con esta segunda oportunidad, que nadie me dijo que tenía y que yo sola me adjudiqué, sentía una gran responsabilidad de darle un motivo a mi vida, una razón de ser.

Imaginé una conversación con la muerte, un diálogo mental, pidiéndome cuentas para justificar que yo me quedara en la Tierra en vez de llevarme con ella. Sólo sabía que quería vivir, pero no para qué. En ese diálogo imaginario me quedé en blanco, sin poder contestar. Dame tiempo, le imploré. Dame tiempo para darte una respuesta. Soy una buena persona. He sido buena hija, hermana, amiga. He ayudado a los demás desde que era una niña. A veces dudo de Dios y de la Iglesia, pero soy buena persona, no le hago daño a nadie. ¿Para qué quieres vivir?, me preguntaba una y otra vez. Yo sólo podía gritar de desesperación sin poder decir nada. Cada noche sentía que la muerte me visitaba, me torturaba, y al final me concedía un día más. Me angustiaba pensar en el día que colmara su paciencia y yo no tuviera una respuesta.

No puedo llorar, le dije a la psicóloga después de explicarle todo lo acontecido. Tengo días sin poder llorar. No es por falta de tristeza, es que tengo miedo todo el tiempo, como si alguien estuviera acechándome. Mi cuerpo está en alerta día y noche. No siento cansancio y eso me preocupa. Creo que no es normal. Al decir esto, me explicó que estaba experimentando ansiedad y vivía un doble duelo. Me recetó un suplemento de vitaminas, supuestamente me ayudarían a tranquilizarme y poder dormir. Hice una mueca en señal de desaprobación, como si supiera que tomar vitaminas no fuera suficiente, como si yo tuviera los conocimientos y la experiencia de una doctora, por lo que añadió: es normal que no estés bien después de todo lo que viviste. Estás haciendo algo por ti al venir aquí y pedir ayuda. Esto es un proceso de sanación, confía en ti, confía en el proceso.

En la noche, a la hora en la que una persona normal suele ir a la cama para dormir, me tomé dos pastillas de las que me había recetado. Minutos después sentí un ligero descanso y por un momento creí que funcionaría. A las 2 de la mañana desperté con una presión en el pecho y la respiración agitada. Me senté en la cama asustada, estaba a segundos de que se me disparara otro ataque de ansiedad.

La psicóloga me indicó que, cuando esto pasara, hiciera un ejercicio sobre identificar todas las cosas que me rodeaban: objetos, aromas, texturas, para aferrarme al presente y evitar que la ansiedad me transportara a un futuro tenebroso y, al mismo tiempo, inexistente.

Repetí en mi cabeza todo lo que pude ver, pero la ansiedad venía decidida por mí. Doblé mis piernas, abracé mis rodillas, agaché la cabeza y me dejé vencer. No me lleves, por favor, no me lleves todavía. Me acosté en la cama, me revolqué del dolor, todo a mi alrededor giraba con rapidez. Me forcé a llorar sin éxito. Abría y cerraba los ojos deseando que fuera una pesadilla, pero todo era real. Tomé la almohada, hundí mi cara en ella y grité.

Silencio total.

Me incorporé y nuevamente me senté en la cama. Volteé hacia arriba, implorando que todo terminara y, finalmente, lloré. Con el llanto sentí que mi cuerpo se relajaba. La ventana reflejaba los primeros destellos de luz de la mañana y los pájaros empezaban a cantar. Gracias, dije en voz alta. Gracias, muerte, por perdonarme un día más.

Una noche descubrí que puedo escapar de mi realidad si logro sumergirme en otras historias, tal como Benito Taibo lo hizo con *Persona Normal*. A las 2 de la mañana, después de dar vueltas en la cama sin poder conciliar el sueño, tomé la sabia y sana decisión de leer.

Persona Normal la leí tres años atrás como recomendación de mi prima Karla. En aquel entonces yo necesitaba una buena lectura y, sin duda, ella tenía los mejores títulos que pudieran interesarme. Días después lo compré en la librería. Cuando lo terminé, se lo presté a una amiga y no lo volví a ver más.

Esa madrugada apareció en mente como una eureka. Tomé mi iPad y compré el libro en versión digital. El tío Paco y Santiago iban a tener las respuestas a mis inquietudes, ellos iban a sacarme de la realidad que me ocasionaba ansiedad. Y así fue. Leer historias de libros y lectores, hizo que me transportara a un multiverso literario del que no quería salir jamás. Deseé volver a ser niña para vivir con la inocencia que caracteriza a Santiago, con esa oportunidad de conocer y sorprenderme. Terminé el libro con ganas de leer todos los que estaban en mi librero, de conocer a sus autores, de meterme en las letras y nadar en ellas. Benito Taibo, sin saberlo, me salvó de regresar al infierno de la ansiedad, aunque fuera por un día.

La noche siguiente también fui invadida por el insomnio. Mi cuerpo estaba cansado, pero, al mismo tiempo, quería estar despierta en la madrugada cuando todo estaría en silencio para tomar otro libro. En esa ocasión fue el turno de *La carne*, de Rosa Montero. Me hizo sentir una mujer fuerte, sin miedos para buscar y estar con quien me guste estar, de vivir el amor, el deseo, la carne. Tomé algunas notas de su narrativa, de sus diálogos, como para replicar algunos de ellos en mi nuevo libro que aún no sabía ni de qué iba a tratar.

El resto de las noches ya no me importaba el insomnio, lo que quería era consumir libros. Mi buró se cubrió con una pila de libros de Juan Gabriel Vásquez con *El ruido de las cosas al caer; Mil veces hasta siempre*, de John Green; *Largo Pétalo de Mar*, de Isabel Allende; *Nenúfares que brillan en aguas tristes*, de Bárbara Gil, entre otros. Con esas historias me imaginaba viajando por el Atlántico a bordo del Winnipeg, o recorriendo Daca por los techos de las casas como un *parkour*, o resolviendo los enigmas de Laverde o de Russell Pickett. ¡Qué maravilla vivir otras historias para escaparme de la mía! Sin embargo, cuando cerraba un libro, todo a mi alrededor se volvía a tornar gris.

Un día, como a las 4 de la tarde, decidí hacer la lista del súper: huevos, pan, verduras, pollo. Tomé mi celular para apuntarlo y, de repente, sentí una presión en el pecho acompañada de una respiración agitada. Levanté la mirada asustada, eché un vistazo a mi alrededor para iniciar con el ejercicio de aferrarme al presente. Sin embargo, no entendía por qué me estaba pasando eso. No estaba haciendo nada que desatara una crisis de ansiedad. ¡Estaba haciendo la maldita lista del súper!

¿Qué tan estresante era hacer eso? Dejé el celular y me dirigí a mi cuarto. Cerré la puerta, me acosté en la cama y permití que el ataque de pánico se apoderara de mí. Nunca entendí qué lo que lo había desatado.

Cuando mi familia supo lo que pasaba conmigo, me ofreció ayuda. Mi mamá me pidió en varias ocasiones que me fuera con ellos a Ensenada para distraerme, para convivir con mis papás, mi hermana y mi sobrino. Sin duda era una buena idea, pero me asustaba de pensar en que pudiera darme un ataque de pánico mientras manejaba en carretera, viendo una película con mis papás o en un restaurante. Temía que me hicieran comentarios que, más allá de ayudarme, me enfurecieran: no pienses en cosas negativas, piensa en que todo estará bien, intenta calmarte, no le des importancia. Eso, sin duda, desataría aún más mi crisis. No por la buena intención de mi gente al querer ayudar, sino por lo incomprendida que eso me hacía sentir. No podía explicarles con palabras lo que había dentro de mi cabeza, de mi miedo al miedo. El temor constante de que otro ataque de pánico pudiera llegar y me agarrara lejos de mi habitación, lejos de mi cama.

Le mencioné a mi psicóloga sobre lo coloridas que eran mis noches mientras leía y lo grisáceos que se volvían los días al cerrar los libros. Cuando todo a tu alrededor se vuelve gris, así como dices, a veces es por falta de luz, de claridad sobre las cosas que te niegas a ver. ¿Qué es eso que no quieres ver?, me preguntó mi psicóloga al terminar la sesión. Sabía la respuesta, simplemente no quería decirla en voz alta. No quería decir que lo que quería evitar era ver era a una Ivette desempleada, a punto de cometer el peor error de gastarse sus ahorros en escribir algo que nadie iba a leer. A una Ivette cobarde que se negaba a dar el último adiós a Xavier, quien se había convertido en cenizas y se encontraba en algún panteón de Tijuana. Recuerda que estás pasando por un doble duelo. La única manera de superarlo es atravesándolo, viviéndolo, no puedes sacarle la vuelta, me dijo al despedirnos.

Entendí que, para vivir un duelo, la mitad del trabajo le correspondía al tiempo y la otra mitad me correspondía a mí, a las decisiones que tomara. Por eso, esa tarde le llamé a mi tía, le expliqué que me sentía lista para visitar las cenizas de Xavier. Me sorprendió que, a pesar de la pena y el dolor que ella sentía en ese momento, le dio gusto saber que mi problema evolucionaba para bien. Se ofreció en acompañarme al día siguiente, que de todos modos ella quería ir para limpiar la lápida y llevarle flores. También me dijo que podía dejarme un momento a solas, si así lo quería, para poder desahogarme. Acepté y quedé en pasar por ella a las 10 de la mañana.

Esa noche no puede dormir, para variar. Esta vez sabía que lo que me tenía despierta era el miedo de ir al panteón, de decir adiós. Me había tomado las pastillas para tranquilizarme y no habían funcionado. Me levanté para prender unas velas e incienso. Vi en la repisa la imagen que había dibujado después de la ceremonia de Ayahuasca, aquella donde se veían las cuatro puertas y el tercer ojo. La observé con detenimiento, la tomé y la acaricié con mis manos; cerré los ojos hasta lograr escuchar el silencio. Quería dejarme llevar, que la intuición me dijera qué hacer. Así, con los ojos cerrados, caminé por mi habitación, descalza. Sentí el frío del piso, el aire que entraba por la ventana. Agarré objetos al azar. Me senté en la orilla de la cama, respiré profundo. Pensé en Xavier, en su vida, en lo que habíamos vivido juntos desde niños, en las risas, en los viajes, en las fiestas que compartimos. En todo lo que él había logrado, en las vidas que había inspirado a través de su trabajo. En eso, una frase llegó a mi mente. La repetí varias veces hasta lograr memorizarla. Abrí los ojos, me apresuré a tomar un papel y pluma para poder escribir: *Gracias a ti, mi vida es más hermosa porque tú estuviste en ella.* Doblé el papel y lo metí en mi bolsa.

Siempre hay un poco de alegría

"No sé si soy una persona triste con vocación de alegre, o viceversa, o al revés. Lo que sí sé es que siempre hay algo de tristeza en mis momentos más felices, al igual que siempre hay un poco de alegría en mis peores días".

—Mario Benedetti

A las 9 de la mañana abrí los ojos. Me sentía cansada después de haberme desvelado leyendo *Yo antes de ti,* de Jojo Moyes. Tomé mi celular y vi mis correos. Me levanté de un brinco al ver que tenía un mensaje de Omar Silva, coordinador de literatura del CECUT: Buenas tardes, estimada Ivette. Con respecto a la propuesta para la presentación del libro *Sofía 26* hemos programado el jueves 19 de agosto a las 18:00 horas en la Sala Federico Campbell. ¿Quiénes serán tus presentadores?

Me quedé como idiota acostada viendo el techo, asimilando lo que acababa de leer. Mi imaginación se echó a volar y me vi en el escenario sosteniendo mi libro, con el micrófono en un pedestal, observando al frente a todos mis invitados sentados presenciando mi sueño hecho realidad. Por primera vez presentaría mi libro y, esa primera vez, sería nada menos que en el CECUT, en la misma sala donde se han presentado cientos de artistas, escritores. A mi lado me acompañarían dos presentadores… ¡los presentadores! ¿Quién me aceptará la invitación con tan poco tiempo de antelación?, pensé preocupada.

Escribí una lista de cuatro personas que serían los ideales para presentarme porque me habían acompañado, algunos, desde el proceso creativo de *Sofía 26* hasta su publicación en 2020. Les escribí a todos y sólo dos pudieron confirmarme: Karlha Ochoa, escritora tijuanense y promotora de lectura, y Juan José Alonso, quien meses antes me había dado una cátedra privada de cómo vivir de mi sueño de ser escritora.

Le llamé a mi familia para darles la buena noticia, estoy segura de que brincaron de gusto junto conmigo. Lamenté que el evento se agendara en jueves, porque mis papás y mi hermana trabajaban en Ensenada y se complicaba la logística. Sin embargo, prometí grabarles un video para que no se perdieran ni un detalle de tan esperado día. Era, según yo, el día más importante de mi vida como escritora. Si bien ya había vendido más de 200 ejemplares, era la primera vez que me paraba en un escenario frente a otras personas que no fueran mi familia y amigos.

Cuando quise tomar el teléfono para llamarle a mi tía e invitarla, se me apachurró el corazón. Me sentí culpable por sentirme feliz en esos días de luto. Por un momento dudé que fuera una buena idea o que fuera prudente invitarlos a lo que yo consideraba una fiesta literaria. ¿Qué ganas tendrían de festejar después de una pérdida? Yo también estaba triste de pensar que Xavier no estaría conmigo. Después de unos minutos decidí llamarle, darle la noticia y que ella decidiera si quería asistir o no. Me dijo que con gusto estaría ahí, pero dependía de algunos trámites que tenía que realizar con el hospital y el banco. Estoy segura de que su intención era estar conmigo, pero su corazón necesitaba tiempo para sanar.

Conforme pasaban los días y compartía la invitación a través de mis redes sociales, decenas de personas se unían a la celebración, me mandaban mensajes extendiendo sus felicitaciones. Y ahí, con la euforia que caracterizó ese momento, pensé en mis exjefes y deseé que me vieran triunfar en mi nueva carrera, que me iba bien sin estar en un trabajo de maquiladora. Algo así como cuando terminas con tu novio y te metes al gimnasio o te cortas el cabello o te vas a viajar por el mundo para festejar tu libertad.

El día más esperado llegó. A las 10 de la mañana estábamos a casi 30 grados centígrados, demasiado para esta ciudad. Me metí a bañar con agua fría. Salí a desayunar y regresé a casa tan sudada y pegajosa que me vi en la necesidad de bañarme por segunda ocasión. Planché mi vestido, limpié mis zapatos, me arreglé el cabello y de nuevo comencé a sudar. Dudé que por el clima me pusiera así, creo que eran los nervios los que me hacían una jugada. Me bañé nuevamente. Volví a secarme el cabello, me maquillé, me puse el vestido y los zapatos. Estaba lista para el evento. Juan José me mandó un mensaje: ¿qué te vas a poner? Le mandé una foto tomada en el espejo de mi cuarto. Me lo imaginé de pie frente a su clóset sin saber qué ponerse. Guapísima, nos vemos al rato, me contestó. Y así me sentía, la mujer más guapa, con el vestido más hermoso y los zapatos más elegantes.

En el lugar del evento, minutos antes de iniciar la presentación, llegó el reportero del CECUT para hacerme una entrevista. Después, el fotógrafo de una revista. Me sentía como celebridad en los óscares cruzando la alfombra roja para llegar al escenario. Al fondo, vi llegar a mis papás y mi hermana. Dejé al fotógrafo y al reportero para correr y abrazar a mi familia; finalmente habían logrado llegar a Tijuana y me daban la mejor sorpresa de tenerlos en primera fila. Se me hizo un nudo en la garganta, pero me aguanté para no llorar, porque no podía arruinar mi maquillaje antes de iniciar. Este es el primero de muchos eventos que voy a tener, más vale acostumbrarme a estas emociones y controlarlas, pensé.

Llegaron Juan José Alonso y Karlha Ochoa. A las 6 de la tarde en punto nos subimos al escenario, nos sentamos en los sillones y empezamos a platicar de mi libro. De todas las presentaciones de libros que había asistido en el CECUT, no vi alguna que hiciera lo que nosotros hicimos: sentarnos a platicar como si estuviéramos en un *talk show*. Yo en el centro, mis presentadores a los lados, enfrente tenía a más de 50 personas. ¿Cómo es que llegaron tantos? ¿No se habrán equivocado de evento y entraron al mío pensando que verían a alguien más? No, todos estaban ahí para verme. Realmente era una celebridad, aunque sea por esa noche.

Juan José se puso de pie y se dirigió al pódium, quería compartirme un extracto de un texto que meses después supe que se trataba del libro *Gracias, papá —una historia de ~~humor~~ amor—*, de Héctor Suárez Gomís:

> *"…¿Quieres triunfar y ser exitoso? Tienes que asumir que te vas a enfrentar constantemente al fracaso, así es que mejor hazte su amigo y aprende a escuchar lo que te dicte. ¡Abrázalo de la misma manera que abrazarías al éxito! Ninguno existe sin el otro… El éxito se celebra escandalosamente, mientras que el fracaso se vive en silencio. El fracaso es el camino del éxito".*

Querida Ivette, hoy le das a conocer al mundo el talento que tienes y debes de seguir, finalizó Juan José. Hoy me doy a conocer al mundo, repetí en mi cabeza mientras observaba a la gente frente a mí. Todos, al unísono, aplaudieron después del discurso. El aplauso era para lo que había citado Juan José, pero lo hice mío, lo sentí para mí. Y es que en un aplauso como ese se engloban muchos sentimientos: mis papás aplaudían de orgullo, mis amigos de felicidad, los que iban pasando por ahí aplaudieron por la empatía con las palabras que acababan de escuchar.

Durante los siguientes veinte minutos hablamos de las diferentes temáticas de *Sofía 26*: miedos, empezar de cero, viajes, soltar, amor propio, decepción, crecimiento personal, nuevas oportunidades. Me di cuenta de que la Ivette que escribió esa novela le estaba enviando un mensaje a la nueva Ivette. Yo, al igual que Sofía, me estaba dando una segunda oportunidad de empezar de cero y lanzarme a una profesión que, aunque desconocida, sabía que amaba con todo mi ser, que me sentía feliz de dejar atrás mi trabajo en la maquiladora, que no podía estar más agradecida porque me hubieran despedido. Mi exjefe, Ulises, quien se encontraba entre el público, me lanzó una sonrisa de nervios. Sin embargo, mi agradecimiento era genuino. No había ningún rencor hacia él ni a mis compañeros, que también habían asistido a la presentación. Lo único que quería era que me vieran haciendo lo que amo.

Durante la plática entre Juan José y Karlha, ella me preguntó por qué escribía, qué era lo que me motivaba a hacerlo. La respuesta era muy sencilla y quise contar la historia de cómo descubrí la razón de lo que hago: cuando estaba en la preparatoria un maestro nos pidió que escribiéramos en nuestro cuaderno nuestra razón de vivir. Todos tomaron su pluma, agacharon la cabeza y comenzaron. Desconcertada, me pregunté quién les había dicho la respuesta y por qué yo no podía pensar en una. Lo único que sabía es que apenas tenía diecisiete años, mi razón de vivir la sabría cuando estuviera en mi lecho de muerte, cuando viera hacia atrás lo que había hecho. Quizá mi razón de vivir serían los hijos que aún no tenía, pero me parecía absurdo dar una responsabilidad a seres que aún no estaban en este mundo. Después de darle muchas vueltas, tomé mi pluma, escribí una palabra y cerré el cuaderno. Mientras todos daban respuestas como que la razón de vivir eran sus padres o hermanos, yo me avergoncé por la respuesta que había escrito y no quise participar. El profesor, al darse cuenta de que era la única que no había compartido nada, me preguntó por mi razón de vivir. Trascender, respondí, tímida. Nadie esperaba esa respuesta que, al parecer, era la que más resonancia había tenido. Hoy puedo decir que, no sé cómo, pero haga lo que haga con mi vida, quiero que llegue a otras personas, que aprendan algo de lo que más me apasiona hacer. Nunca imaginé que diecisiete años después encontraría mi mejor manera de trascender: a través de mis letras.

El público tenía ganas de participar, los veía con ganas de entrar a la plática de nosotros. Omar Silva les cedió la palabra y entregó el micrófono a la primera persona que levantó la mano: mi exjefe. No tenía nada qué preguntar, simplemente quería decir frente a todos lo orgulloso que se sentía de mí y lamentaba haberme dejado ir. Bueno, lo segundo yo lo deduje, pero lo primero sí que lo dijo. En ese momento, la herida que se había abierto semanas antes, cicatrizó. Me sentía lista para dar vuelta a la página y dejar atrás aquel día tan oscuro y triste.

Después del comentario de Ulises, el resto empezó a levantar la mano pidiendo el micrófono. Nadie tenía preguntas, todos querían compartir alguna experiencia conmigo o algo bonito que vivieron el leer mi libro. Una chica de unos veinte años levantó la mano. No la conocía, me emocioné de pensar que podría tratarse de una nueva lectora. Me dijo que su mamá le había comprado la novela y se sintió muy conectada con Sofía cuando todo le empezó a salir mal en Chile. Después, soltó el llanto. Entre lágrimas, me preguntó ¿cómo puedo hacer para encontrar lo que me apasiona en la vida? Sentí miedo de darle una respuesta incorrecta, me di cuenta de la responsabilidad que tenemos los escritores al convertir nuestras historias en posibles modelos de vida. Le respondí como Sofía lo hubiera hecho: toma todas las oportunidades que tienes frente a ti, viaja, conoce, experimenta, enfrenta tus miedos. Haz cosas que nunca te atreviste a hacer. Escucha música, intenta hacer música. Lee, intenta escribir. Ve a museos, intenta hacer arte con tus manos. Busca cuál es tu mejor manera de expresarte, muy probablemente ahí encuentres tu pasión. No sé de dónde saqué esas palabras, sólo espero que esa joven haya sentido consuelo en ellas.

Después, un amigo levantó la mano y preguntó: ¿alguna vez pensaste en dejar todo?, ¿en dejar de escribir? Cada maldita vez, respondí sin titubear. Y es que pensar en botar todo me fue más fácil que pensar en ponerme a escribir. En el tiempo que empecé a escribir la novela yo tenía un blog. En él escribía cosas personales, experiencias que vivía y los aprendizajes que tomaba de cada una de ellas. A muchas personas les gustaba, lo compartían en redes sociales y eso me hacía sentir bien. Pero también una que otra persona me abordaba para decirme que les daba flojera lo que escribía, porque era muy dramático y sólo conseguía que la gente me tuviera lástima. Entonces botaba todo por vergüenza a lo que los demás pudieran pensar de mí. Casualmente, la misma persona a la que le daba flojera mi blog, me dijo también que dudaba que pudiera terminar de escribir un libro, porque yo era de las que iniciaban muchas cosas y no terminaba nada. Ofendió a mi ego. Días después me uní a un taller de escritura, conocí a grandes escritores que ahora son mis amigos y el resto es historia.

Eran casi las 8 de la noche, la gente quería seguir participando y yo no quería irme de ahí. Omar Silva dio por terminada la presentación. Todos se pusieron de pie para retirarse, algunos amigos se acercaron para saludarme y tomarse fotos. Cuando menos pensé, a mi izquierda se había formado una fila con personas que habían comprado el libro, querían la firma de la autora. Si alguien me preguntara cuál es mi parte favorita de las presentaciones de libros, es esa. Cuando estoy frente a frente con el lector y tenemos esos minutos de plática privada en donde puedo conocerlo, conversar mientras escribo una dedicatoria en la primera página del libro.

Poco a poco, la Sala Federico Campbell se vació, el ruido desapareció, las sillas se quedaron solas, las luces del escenario se apagaron. Mis papás y mi hermana se despidieron, mis amigos se fueron. Me quedé sola recogiendo los libros que se quedaron sin vender y me fui caminando al estacionamiento. Subí a mi auto y me di cuenta de que acababa de vivir el día más importante de mi nueva vida profesional. O al menos eso creí.

No soy la primera

¿Te has preguntado por qué haces lo que haces? ¿Alguien de tu familia también es escritor?, me preguntó mi psicóloga. Le respondí que nadie hacía lo que yo quería hacer y que sólo a unos cuantos los consideraba lectores. Hasta donde yo recordaba, nadie estaba relacionado con la literatura. Entonces, ¿de dónde saqué el amor por las letras?

Mi tía me recibió en su casa para comer, como cada tarde. La intención no era solamente comer, sino convivir, rodearme de mi familia en los momentos difíciles. Ese día terminamos hablando sobre las historias de mis tíos y mis papás cuando eran jóvenes.

Mi papá es el mayor de seis hermanos. Nació en Guadalajara, Jalisco, en 1942. A pesar de que él me ha contado su historia infinidad de veces, lo que hizo antes de que yo naciera permanece en un área gris, con muchos espacios en blanco que nunca me preocupé por investigar. Al hacer cuentas con su año de nacimiento, noté que mi papá vivió los 60 cuando él era un veinteañero. Sin embargo, no recuerdo haber visto fotos suyas vistiendo pantalones acampanados ni camisas floreadas, mucho menos como *hippie*. Para mí, todos los que vivieron en la época de los 60 fueron *hippies*. Mi tía me ayudó a disipar algunas de las dudas que tenía sobre él.

Mi papá no fue *hippie*, pero sí un joven rebelde, al menos lo que se consideraba rebelde en aquella época: se independizó cuando se fue a estudiar la universidad al Estado de México y nunca volvió a casa. Se graduó de la Licenciatura en Administración de Empresas y se reencontró con amigos de su infancia para emprender un negocio juntos y viajar por todo el país. Me reí al darme cuenta de que hice lo mismo que mi papá al salirme de mi casa tan joven, excepto que a mí, por ser mujer, me puso mil y un pretextos para no hacerlo por temor a que tomara malas decisiones en la vida. En pocas palabras, temía que me hundiera en las drogas y quedara embarazada del primer hombre que se cruzara en mi camino. No entiendo por qué los padres siempre piensan en el peor escenario.

Lo rebelde de mi papá era porque él era dueño de su tiempo: no tenía un trabajo formal en alguna empresa, viajó con amigos durante años en un vocho, después se compró una motocicleta y se paseaba por la carretera. Le gustaba sentirse libre.

Al escuchar esto parecía que me hablaban de otra persona que no era mi papá, porque jamás me hubiera imaginado que el hombre que vivía las reglas al pie de la letra, que nunca se le vencía un recibo de luz, que trabajaba en una empresa de 7 a 7, alguna vez hizo lo que se le dio la gana hacer.

Quizá no llegó a ser *hippie,* pero sí le entraron dudas existenciales porque ingresó a otra universidad a estudiar la licenciatura en Filosofía y Letras. Ahora entiendo por qué su biblioteca estaba llena de libros de historia y de religión. Yo, con mucho trabajo, me animé a hacer una maestría y ni siquiera siento que me haya servido de algo profesionalmente. Pero mi papá, por el contrario, también se ganó una beca para estudiar unas materias de psicología en Sao Paulo, Brasil. Recuerdo que llegó a contarme que también tuvo oportunidad de conocer Argentina y Chile. En el tiempo que estuvo de visita en esos países, se encontraban política y socialmente en crisis por sus gobiernos represivos. Se le prohibía a la población tener libros y estudiar, por lo que muchas familias se vieron en la necesidad de esconder sus más preciados libros bajo tierra, en el patio de sus casas. Algunos de ellos fueron rescatados años después, otros seguramente siguen enterrados.

Pero la historia no termina ahí: después de viajar por innumerables ciudades, regresó a México para estudiar música en el Conservatorio de Morelia. ¡Ya decía yo que el arte estuvo en familia desde antes! Su pasión era la música instrumental y el piano. Así que se fue a vivir unos años para allá, para poder cumplir su sueño. Entonces entendí por qué a mi papá le brillan los ojos cada que tiene un piano enfrente, es imposible no sentarse y tocar un par de melodías. Comprendí también que de él no heredé mi pasión por escribir, pero sí de buscar mi libertad, de vivir, de experimentar, de tomar riesgos, de equivocarme y volver a empezar.

Por otro lado, la historia de mi mamá también se conecta con la mía. Ella nació en Atotonilco El Alto, Jalisco, en 1948. De niña fue muy enfermiza, desde muy temprana edad le diagnosticaron fiebre reumática y tenía fuertes migrañas todo el tiempo. Su familia tenía animales de cría: vacas, gallinas, cerdos y caballos. Mi abuelo tenía una tienda de abarrotes, mi abuela se dedicaba a cuidar a los animales y mis tíos iban a la escuela mientras mi mamá se quedaba en casa, acostada, sufriendo de esta terrible enfermedad. Quizá no es casualidad que yo también haya sido una niña enfermiza; tuve asma hasta los ocho años y muchos días tuve que quedarme en casa porque las crisis me debilitaban bastante.

En la época y lugar donde le tocó pasar su adolescencia era común que las niñas se quedaran en casa para hacer cosas del hogar: cocinar, limpiar y atender al papá y hermanos. A veces ayudaba en la escuela para enseñar algunas materias a los niños más pequeños. Desde ahí, le nació el amor por enseñar y dejar su aportación para su comunidad.

Ella no quiso ser ama de casa y decidió salirse de la comodidad de su hogar para irse a la ciudad de Guadalajara a estudiar en la escuela Normal, donde preparaban a los jóvenes para ser maestros. A partir de ahí, no hizo otra cosa más que enseñar. Y era lo que le apasionaba hacer. Viajaba de pueblo en pueblo, con las carencias que un trabajo así puede tener. Caminaba varios kilómetros para tomar el camión que la llevaba a la escuela. Una vez me contó que se hizo novia de un muchacho sólo para que le pagara los pasajes. Una semana después, terminaron. Uno se quedó con el corazón roto, y la otra sin dinero para el camión.

Tan sólo con conocer la adolescencia y juventud de mis papás, entendí por qué soy como soy. También busco la libertad, sentirme plena, salir a buscar lo que me apasiona y no dejarlo hasta que logro hacerlo mío. Después de los viajes en vocho con sus amigos, mi papá se convirtió en un excelente expositor, de los mejores que tuvo Tijuana cuando surgió el auge de la industria maquiladora en la ciudad. Mi mamá también logró especializarse en lo que más le gustaba hacer. Y es que ella no nada más era buena maestra: era la mejor. No lo digo porque sea mi mamá, sino porque yo vi su método de enseñanza durante años. Ella no hizo otra cosa que poner su corazón en cada salón de clases, en cada niño. En el recreo, los niños la seguían para jugar con ella. Y ella era feliz.

Si bien ninguno de ellos quiso ser escritor, aprendí lo que era hacer las cosas con pasión. Lo veía en mi casa todos los días. Mi papá encerrado en su oficina diseñando cursos de motivación, comunicación y liderazgo para las empresas, y mi mamá desvelándose a altas horas de la noche haciendo su planeación de clases de la semana y ayudándome a estudiar historia y geografía.

Nadie se lo ha dicho al abejorro

> *Ha sido establecido científicamente que el abejorro no puede volar. Su cabeza es demasiado grande y sus alas demasiado pequeñas para sostener su cuerpo.*
> *Según las leyes aerodinámicas, sencillamente no puede volar. Pero nadie se lo ha dicho al abejorro. Así que vuela.*
>
> —Paulina Readi Jofré

¿Estoy haciendo algo estúpido?, le pregunté a Alejandro. Estaba al teléfono con él después de haber ido a una reunión familiar. Al menos tres tíos me hicieron comentarios con relación a mi trabajo. Pues supongo que la liquidación estuvo buena porque te vas a tomar unas vacaciones, dijo uno. Date un mes más para que te quites la espinita y ya después empiezas a buscar trabajo, dijo otro. No pierdas el tiempo, ya no estás en edad como para que te coloques en otra maquiladora con facilidad. De todos esos comentarios me hacían mucho ruido las palabras *vacaciones, espinita, para que te coloques.* ¿No estaba siendo clara con mi familia al decir que quería dedicarme a la escritura? Me daba la impresión de que pensaban que era sólo un capricho mío, que se me había ocurrido de la noche a la mañana.

No era la primera vez que me hacían comentarios así. Cada que podían, me preguntaban: ¿ya encontraste trabajo? La primera vez les expliqué que no estaba buscando, que dedicaría mi tiempo a mis proyectos personales. La segunda vez pensé que quizá me había expresado mal y les volví a decir lo mismo. Pero ya una tercera vez se me hacía necedad de su parte. No obstante, cuando me encontraba sola, dudaba.

No estás haciendo nada estúpido, me respondió Alejandro. Me explicó que esos comentarios eran comunes hacia alguien que estaba por emprender algún negocio. Para ellos, dedicarse a vivir del talento, era cosa de locos. Si así es, ¡que me dejen en paz y pueda hacer lo que yo quiera hacer, es mi dinero y mi tiempo!, le dije molesta. Si quieres decirles eso, adelante, me contestó. Yo te recomiendo darles la misma respuesta todo el tiempo, hasta que se cansen de preguntar. Diles que ya estás trabajando. Mentira no era. No tenía una oficina a dónde acudir cada día a las siete de la mañana, tampoco un jefe a quién reportarme. Todos los días me las ingeniaba para encontrar la manera de crear ingresos, ya fuera con la venta de libros, los cursos de escritura o lo que fuera.

Alejandro me citó en su casa al día siguiente para darme una cátedra de cómo funcionan las redes sociales, cómo conseguir más seguidores y cómo vender mis próximos cursos de escritura. Confié en que, si alguien podía darme una buena orientación al respecto, sería él. Tenía años trabajando de manera independiente, con trabajos aquí y allá, pero todos sin ser empleado de nadie. O al menos así lo entendía. Tomé mi *laptop*, cuaderno, plumas y las guardé en una mochila. Desayuné, me preparé café y lo serví en un termo. Estaba lista para lo que parecía mi primer día de clases.

Todas las personas que van a comprar tu libro o que van a tomar un curso contigo están en las redes sociales; la clave es saber cómo encontrarlas, inició Alejandro. Tomó un plumón y escribió en el pizarrón blanco que tenía en la pared de su sala. Realmente se sentía como un salón de clases. Sin saber nada sobre escritores ni publicaciones de libros, se aventuró a aconsejarme sobre grupos de Facebook para escritores y lectores. Me dijo, casi a manera de instrucción, que siguiera a esos grupos y platicara con la gente de ahí sobre mi trabajo, mi novela. Seguramente habría personas queriendo publicar su primer libro y no sabrían ni por dónde empezar, yo ya tenía experiencia en eso. Tomé mi cuaderno y apunté: seguir a grupos de escritores y hablar con ellos. Hice una mueca de desagrado, las ventas no eran lo mío. Hablar con gente desconocida e intentar venderles algo me causaba incomodidad, no sabía cómo iniciar una conversación sin que pareciera que quería venderles Betterware o Mary Kay. *¿Quieres escribir un libro y no sabes por dónde empezar? ¡Yo tengo la solución!* Esa frase parecía de un infomercial de los años 90.

A partir de ahí, todo lo que decía Alejandro era como un idioma nuevo para mí: usa hashtags, pero no los más populares, agarra los que tengan pocas publicaciones, pero no tan poquitas. Sigue cuentas de *instagramers* que lean libros y hagan reseñas de ellos. Comenta sus publicaciones para hacerte notar y que te sigan también. Pero tienes que crear contenido primero. Usa la herramienta de Facebook Business para calendarizar tus publicaciones, al menos una diaria, 10 historias y 5 *reels* a la semana. Abre una cuenta en TikTok, todos tus posibles lectores están ahí. No vincules TikTok con Instagram porque no vas a tener tanto alcance, descarga los videos y borra las marcas de agua, después las subes como *reel*. Una cuenta exitosa publica al menos dos videos diarios. ¿Ya tomaste nota de los hashtags? No te veo apuntando nada. Todavía falta que te explique cómo monetizar tus publicaciones para que lleguen a las personas correctas.

¿En qué lío me metí? Mi cabeza estaba saturada de información que, en su mayoría, no me hacía sentido. ¿Cómo una cuestión tan básica como las redes sociales se había convertido en algo que parecía imposible? El problema no era falta de tiempo, sino que no sabía ni por dónde empezar.

Sin darme cuenta, pasaron cuatro horas y mis sienes punzaban cada vez más fuerte. El pizarrón estaba lleno de letras, números, símbolos, flechas, círculos. Dejé de escuchar a Alejandro, coloqué mi pluma en la mesa, puse las manos en mis piernas y agaché la cabeza. Los ojos se me llenaron de lágrimas porque me desesperé y creí que no sería capaz de hacer nada de lo que decía. A lo lejos escuché: Ivette, ¿estás bien? Me dio vergüenza que me viera con los ojos vidriosos, así que respiré profundo, tragué saliva, alcé la cara y sonreí. ¿Podemos tomar un descanso? Tengo mucha hambre y estoy un poco abrumada, contesté.

Salimos a comer a un sushi cerca de su casa. En lo que nos servían la comida, le confesé que me daba miedo no poder con todo, que creía que manejar redes sociales era más sencillo y divertido. No era así, era tedioso y frustrante. Por más que me decía que tomara videos de lo que hacía diario o de mi rutina para escribir, se me hacía de lo más aburrido, porque mi nuevo estilo de vida era limitado. Ojalá pudiera tomar videos míos escribiendo en un restaurante o en una sala de abordar o inspirándome en un café de moda. Pero mis gastos incluían sólo una comida en restaurante a la semana y precisamente estaba usando ese pase en el sushi, el resto de la semana estaba encerrada en mi cuarto con vista al cerro de Colinas de Aguacaliente.

Cuando algo realmente te gusta, lo haces sin que parezca un esfuerzo, dijo Alejandro para romper el silencio en el restaurante. Lo que te acabo de decir en mi casa es una clase de lo que vas a hacer los próximos meses, serás experta después, no ahora. Moví los palillos sin contestarle y jugué con ellos en la ensalada de surimi. Estaba abrumada por algo que iba a tener tiempo de aprender. Todo era parte del proceso, hay que hacer la tarea e investigar, pero solamente con tiempo y dedicación se pueden lograr las metas.

No quiero equivocarme, Alejandro, finalmente pude decir. Siento que sólo tengo una oportunidad y no quiero echarla a perder. Pero, al mismo tiempo, si no me equivoco no voy a aprender. Esa es la parte frustrante, no quiero cometer más errores que aciertos. Lo que me enseñaste hoy es una pequeña parte del mundo de cosas que hay que hacer: también quiero tocar puertas en las editoriales, tomar más cursos de escritura y redacción, escribir mi siguiente libro. Es mucho trabajo que nadie me va a remunerar. No quiero acabarme mis ahorros y quedarme en la calle, dije mientras me recargaba en el respaldo de la silla y dejaba los palillos en la mesa. Vas a hacer todo lo que está en tus manos hacer, dijo Alejandro después de una breve pausa, asegurándose de que yo ya no tenía más que decir. Hoy hiciste un avance, date el mérito por eso. Mañana darás otro paso y así sucesivamente. ¿No has pensado en salir de vacaciones?

Popocatépetl

De un tiempo a la fecha no soy la persona más amable ni accesible para viajar en avión. No me gusta conversar con la gente a mi alrededor, no me interesa saber por qué viajan ni quién los espera en su destino. Seguramente me voy a quedar dormida antes de que el avión despegue, y si alguien se encuentra a mi lado y quiere salir, no va a poder porque siempre estoy en el asiento del pasillo. En el momento que llego a mi lugar y me pongo el cinturón de seguridad caigo en un sueño profundo, me convierto en un tronco inerte y no hay poder humano que me mueva. La razón: media hora antes de volar me tomo pastillas para evitar el mareo y me causan somnolencia.

Todo empezó con aquel viaje a Puebla donde visité a mi amiga Libi, a quien tenía más de dos años sin ver. Era la primera vez que viajaba sin boleto de regreso ni con un compromiso laboral en mi ciudad, sin un jefe esperándome junto con los cientos de correos solicitando una acción de mi parte. También era la primera vez que invertía en un viaje sin un ingreso de nómina asegurado cada viernes. ¿Será prudente gastar en avión y comidas sólo por diversión o debería ahorrarlo?, le pregunté a Libi. Prudente o no, también necesitas darle paz a tu salud mental, y un viaje de placer siempre es una buena idea, me contestó como si fuera una de sus pacientes en terapia psicológica. Explicación suficiente para hacer maletas, pensé convencida.

El día que viajé fue un miércoles de temporada baja. El aeropuerto de Tijuana estaba tranquilo. Me senté en la sala de espera junto a mi maleta hasta la salida de mi vuelo. Repasé mentalmente mi equipaje para hacer un recuento de lo que llevaba: pijamas, chamarra, cremas, pastillas para dolor de cabeza, pastillas para la colitis, Clonazepam. Todo estaba en orden. Minutos después, anunciaron el abordaje a nuestro avión y me encaminé al final de la fila. Todos se amontonaban para subir primero, pero a mí no me importaba ser la última, de todos modos debían esperarse a que todos los pasajeros subiéramos. Una señora de la tercera edad caminó hacia donde me encontraba, vio que era la última en la fila y me pidió formarse frente mí. Me reí. Señora, soy la última en la fila, ¿por qué no va hasta enfrente para que la dejen pasar primero? No entendí lo que me respondió, estoy segura de que ninguna palabra amable salió de su boca y se formó detrás de mí. Ahí me di cuenta de que algo pasaba conmigo, nada me costaba cederle mi lugar por más absurdo que pareciera. Por el contrario, me sentía apática por un viaje que debía disfrutar. Estaba nerviosa por el vuelo, algo poco común en mí.

Inmediatamente después de que subí al avión cerraron la puerta. Guardé mi maleta en el compartimiento, me acomodé en el asiento y me puse el cinturón de seguridad. Minutos después, el avión se dirigió a la pista y mi respiración se empezó a agitar. Si eso era el inicio de un ataque de pánico, no era el momento ni el lugar para ocultarme de la gente, tampoco podía levantarme y buscar el Clonazepam en la maleta. La velocidad del avión incrementó, los motores parecían estar en su máxima potencia y me agarré del asiento lo más fuerte que pude. Imaginé cómo explotaban las turbinas, que salíamos volando en mil pedazos, que nos consumía el fuego en el aire.

La muerte me susurraba al oído palabras que no podía entender; pasaba frente a mí y podía olerla. Apreté los ojos, me concentré en mi respiración. Cuando logramos despegar del piso agarré todo el aire que pude, abrí los ojos y, sin mover la cabeza, vi de reojo las ventanillas: ya estábamos atravesando las nubes. Por favor, no quiero morir, déjame llegar a mi destino, le imploraba en silencio a la muerte. Minutos después sonó el timbre indicando que podíamos quitarnos el cinturón de seguridad, el avión se encontraba estable. Solté el aire del pecho, me sequé el sudor de las manos y finalmente pude relajarme. Me levanté para tomar mi maleta y tomar unas gotas de Clonazepam. No supe de mí hasta que aterrizamos. Desde ese día me tomo una pastilla para dormir antes de volar, más por placebo que por necesidad, seguramente.

Cuando llegué al departamento de Libi eran casi las 11 de la noche. Aun así, nos sentamos en el comedor para cenar, hablamos de mi vuelo y de lo que podíamos hacer durante mi estancia en Puebla. Por las mañanas ella atendería a pacientes en línea y por las tardes podríamos salir a pasear por los alrededores, comer en la calle, conocer la ciudad. Eso significaba que yo tendría toda la mañana libre donde podría leer, escribir, bajar a la alberca, caminar por el parque, ir al gimnasio. Pasada la medianoche, me mostró lo que sería mi habitación los próximos días, preparó la cama con cobijas y almohadas y me hizo notar la ventana de piso a techo con puerta corrediza que daba a un balcón. En cuanto te levantes tienes que salir a ver el paisaje, me indicó Libi. Antes de acostarme abrí la cortina y no vi más que edificios. No entendí a cuál paisaje se refería. Abrí mi maleta, me puse los pijamas, me acosté en la cama y me cubrí con la colcha de plumas.

A la mañana siguiente, me desperté de un sobresalto, era la primera vez en mucho tiempo que dormía en otra cama. La luz del sol traspasaba la cortina y todo a mi alrededor era blanco y brillante. Me tomó unos segundos percatarme en dónde estaba. Sonreí porque me di cuenta de que había sobrevivido a un ataque de pánico el día anterior, que sólo habían bastado un par de gotas de medicamento diluidas en agua y que había podido dormir toda la noche; sonreí también al pensar que eran las vacaciones que no había planeado, que compartiría ese tiempo con una de mis mejores amigas y que podía quedarme ahí el tiempo que quisiera.

Recordé la instrucción de Libi la noche anterior. Abrí la cortina y me quedé inmóvil unos segundos en lo que lograba reconocer lo que veía. ¡Un volcán! ¿Cuál será, el Popocatépetl o Iztaccíhuatl?, pensé. Se encontraba como a 50 kilómetros de distancia, ¡pero se veía tan cerca! Me salí al balcón impactada por semejante paisaje, era la primera vez que veía un volcán. Estaba nevado en la punta, echaba fumarolas. ¿Y si se le ocurre hacer erupción?, pensé asustada. Me quedé parada durante algunos minutos hasta que el frío me obligó a meterme de nuevo y envolverme en una cobija. Dentro de la habitación no podía dejar de contemplar lo que en mi mente percibía como un personaje histórico, una celebridad, alguien que había estado ahí desde antes que existiera la humanidad. Recordé la leyenda que nos enseñaban en los libros de historia de la primaria sobre el Popocatépetl y el Iztaccíhuatl. Esa historia entre ambos, que se juraron amor eterno y vivir para siempre en forma de volcán. ¡Libi!, grité mientras salía de mi habitación. ¿Qué pasa?, me preguntó extrañada, tallándose los ojos y bostezando. La tomé de la mano y la llevé a la ventana apuntando al volcán. Sonrió.

¿Verdad que es la mejor vista? Lo que sentía era muy parecido a lo que siente un niño cuando conoce el mar o viendo los regalos de Navidad debajo del árbol, creyendo que Santa Clos los dejó ahí. Lo mejor de la vida son las primeras veces, las primeras experiencias, pensé.

La responsabilidad del escritor

Si algo aprendí en mis antiguos trabajos fue a diseñar e impartir cursos y talleres. Tomé ese aprendizaje, lo fusioné con lo que más me apasiona y surgió mi primer taller de escritura de novela para principiantes. La ventaja de la pandemia era que todo lo podía hacer en línea, sin preocuparme por rentar un salón o un espacio para impartir mis cursos. Así que hice un *flyer*, lo publiqué en mis redes sociales y esperé a que se inscribieran mis primeros alumnos.

Pasó una semana y sólo recibía mensajes para pedir información, misma que ya se mencionaba en el *flyer:* costo, duración, temario. Si la gente no es capaz de leer un anuncio, qué puedo esperar de mis próximos alumnos, pensé. Me sentí decepcionada porque había invertido mucho tiempo en crear ese curso, en hacer investigación, incorporar buenos ejercicios, para que nadie se apuntara. Al sexto día de su publicación recibí un mensaje de Paypal notificándome el pago de una alumna. ¡Mi primera alumna! Ingresé a mi correo para ver la información de la chica y me di cuenta de que me había empezado a seguir por Instagram. Le escribí un correo agradeciendo su participación y confirmando su lugar en el curso. Y como efecto dominó, se apuntó una persona más y otra y otra más. Todos de diferentes ciudades de México: Puebla, Tijuana, Mexicali, Torreón, Veracruz, La Paz.

Me sentía muy optimista con este proyecto. Estaba segura de que había personas con el deseo de escribir una novela, pero no sabían por dónde empezar. Años atrás yo fui esa persona y, con el apoyo y orientación de muchos más experimentados que yo, pude finalmente publicar mi primer libro. Eso era lo que yo quería hacer, regresar el favor a personas que compartían la misma pasión que yo por las letras. Tal vez no era la escritora más famosa, tampoco la mejor, pero lo poco que sabía podía servirle a alguien más.

Dividí el curso en tres sesiones de dos horas cada una. Era mucha información para alguien que nunca ha escrito nada. Al terminar cada sesión, les daba unos minutos para que me dieran retroalimentación y así poder mejorar entre cada clase. Logré integrar todos los conceptos que creí necesarios como la creación de personajes, de tiempos, espacios, tipos de narradores, y también tuve tiempo de hacer ejercicios y permitirles practicar. En alguna parte leí que era importante conocer las reglas de escritura para poder romperlas. Me hizo total sentido, así es como nacen los mejores libros porque muestran un toque de originalidad y estilo del autor.

No sé cuántos de mis alumnos realmente escribirán una novela, pero al menos terminaron motivados. Uno de ellos me mandó un mensaje a mi celular para pedirme continuar con el curso de escritura de manera individual. Cóbrame lo que consideres necesario, escribió. Se me hizo rara su insistencia, no sabía qué más enseñarle. Pensé en los ejercicios que alguna vez nos hizo Juan José Luna durante el taller de Escritura Autobiográfica; creí que eso podría servirle. Le propuse una videollamada por Zoom de 30 minutos para platicar sobre el enfoque de las próximas clases y mis honorarios. Sorpresa que me llevé en esa llamada que duró más de una hora.

Él era un joven de veintitantos con depresión y ansiedad diagnosticados por un psiquiatra. Al menos dos ocasiones había intentado suicidarse. Cuando dijo esas palabras sentí que mi cuerpo se paralizaba, creí que me metía en un grave problema. También llamó mi atención que lo decía con singular tranquilidad, su objetivo no era decirme lo mal que la había pasado años atrás, sino explicarme que al escribir podía comunicarse mejor con su terapeuta. Le resultaba más difícil verbalizar palabras que escribirlas. Tenía la tarea de redactar todo lo que quería tratar en terapia, cada sesión, y ahí era en donde pedía mi ayuda.

Escuché atenta lo que me decía sobre sus ataques de pánico, sus episodios de depresión y cada detalle acerca de cómo había intentado suicidarse. Me dieron ganas de llorar al ver a una persona tan joven con problemas de ese nivel, aunque realmente para las enfermedades mentales no hay edad. Simplemente sentí pena por su estado de salud y me dio gusto saber que seguía luchando por vivir. Cada día, me dijo, tengo en mis manos la decisión de matarme o de vivir. Cada que abro el cajón de mi buró y veo todas las pastillas que me dio el psiquiatra, tengo que preguntarme: ¿quieres tomarlas todas de un jalón y morir o quieres tomar sólo la dosis que necesitas para vivir? Mientras me decía lo anterior nunca se le quebró la voz, ni sus ojos se pusieron vidriosos. Por lo tanto, yo debía mantenerme estoica y no engancharme con la situación de mi alumno. Estás aquí para ayudar en lo que puedas, solamente con lo que sabes hacer, no eres psicóloga y eso le tiene que quedar claro, me dije en silencio. Es peligroso interferir en la terapia de un joven con antecedentes suicidas, yo soy una simple escritora que sólo ha publicado una novela y ni siquiera es de autoayuda.

Acepté ser su tutora con una condición: cada clase sería para hacer ejercicios de escritura, no sería un espacio de terapia ni para platicarme sus avances en temas de salud mental. Le dije, cada relato lo vas a leer en voz alta y te voy a corregir como a cualquier otro alumno, a partir de este momento no eres el paciente del psiquiatra, eres escritor y punto, ¿estamos de acuerdo? Accedió con una sonrisa.

Esto lo dejé de ver como un negocio, los honorarios que le cobraba eran casi simbólicos, pero era una manera de ayudarlo y de poder practicar para futuros talleres. Las sesiones eran de una hora y se nos iban como agua, alcanzábamos a hacer un par de ejercicios y nada más. Durante la primera sesión hicimos un ejercicio de narrativa para describir la habitación donde se encontraba, un ejercicio muy sencillo pero ideal para conocer su escritura. Me sorprendió. Se fue más allá de describir el espacio, se enfocó también en sillones y mesas, fotografías y libros. Me describió lo que sentía al ver cada objeto, cada recuerdo que se le veía a la mente con sólo ver una figura de porcelana en el librero.

Había un escritor en potencia, tenía razón cuando me dijo que su mejor forma de comunicación era a través de las letras. Durante seis sesiones trabajamos juntos, cada vez perfeccionaba su estilo, les daba forma a sus relatos con un inicio, nudo y desenlace. Me sentí orgullosa de haber apoyado a pulir su talento, aunque el mérito fuera suyo.

A partir de ahí, se me ocurrió hacer más grupos en línea para hacer solamente ejercicios de escritura, independientemente de que quisieran escribir una novela o no. La escritura sirve de terapia, se convierte en un espejo que nos permite ver todo lo que tenemos dentro. Al menos un par de alumnos se quedaron sorprendidos de sus logros en ese taller; ni siquiera ellos sabían que contaban con el talento, simplemente vieron la oportunidad y la tomaron para ver qué salía.

Bien dijo Isabel Allende en una de sus entrevistas: "Para ser un escritor necesitas escribir todos los días, hacerlo un hábito, aunque parezca que nada tenga sentido." Cuando mis alumnos hacían esos ejercicios, a veces les servía de inspiración para hacer un relato más extenso. Uno de ellos escribió una historia que metió a concurso para una beca de su ciudad, me pidió que la revisara, que le ayudara a darle mi retroalimentación como editora. El texto estaba casi perfecto, un par de detalles que corregir, nada más. Ganamos. Y lo digo en plural porque él consiguió su beca y yo me sentí útil, que mis consejos y aportaciones eran tan buenos que motivé a que una persona —que semanas atrás no sabía que tenía el talento para escribir— ganara una beca.

Ser maestra y asesora de escritura me pintó un nuevo panorama, una nueva forma de trascender. Sembrar en los demás la pasión que yo tengo por las letras.

Perdedora

> *"La historia siempre tiene dos versiones. Una,*
> *la que cuentan los que ganan las batallas y otra,*
> *muy diferente, que casi nunca nadie cuenta y que*
> *sólo se conserva en la memoria de los perdedores."*
>
> —BENITO TAIBO, *PERSONA NORMAL*

¿DÓNDE ESTÁN LAS PERSONAS QUE ME DIJERON QUE RENUNCIARA a mi trabajo para dedicarme a la escritura? Fueron unos falsos, todos ellos, al decirme que creían en mí y que podía vivir de ello, me dije mientras golpeaba el escritorio con los puños, al ver que, una vez más, me rechazaban en algún concurso.

Más allá de la escritura es un seminario de la escuela Cursiva que inició en 2021. Consistía en clases en línea con maestros como Isabel Allende, Rosa Montero, Eloy Moreno, Bárbara Gil y muchos escritores más. La fundación Isabel Allende becaría a una persona de cualquier parte del mundo que cumpliera con solamente dos requisitos: que hablara perfectamente bien el español y que hiciera un relato inédito, tema libre, con extensión de dos cuartillas. Quien escribiera "el mejor relato" sería el ganador.

No dudé un segundo para inscribirme y empezar a trabajar en el relato. Mi hermana y su esposo recién habían adoptado a un niño y vi la historia perfecta con la que podía ganar el concurso. Va a conmover a todos, va a inspirar ternura a los jueces, por supuesto que tengo una mina de oro ahí, pensé convencida.

Hice mi tarea de investigación, agendé una entrevista con mi hermana, me compartió unas cartas que ella y su esposo escribieron y de ahí junté todo el material que necesitaba para hacer mi tarea. Me tomó tan sólo una tarde hacer el relato con las especificaciones requeridas, se lo mostré a Juan José Luna y me sugirió hacer unos cambios que me parecieron relevantes. Estaba lista para ganar, era mi momento, era el tiempo perfecto porque justo estaba emprendiendo una nueva carrera como escritora. Ganar la beca y hacer ese seminario en la escuela Cursiva, sería uno de mis principales logros. El peso curricular que me iba a dar no tenía precio, directo al estrellato, le dije a Juan José.

Esperé la fecha del veredicto con ansiedad y nervios. Cuando se llegó el día consulté en sus redes sociales y no había nada. Busqué en la página web y tampoco tenían información. Fue la cuenta de Isabel Allende quien dio la noticia de que ya tenían al ganador. Pero no me ha llegado ningún correo, pensé desilusionada. Unos minutos después la cuenta de la escuela Cursiva compartió el nombre de la ganadora con su respectivo relato. Era un cuento precioso, que con envidia y tristeza acepté que era mejor que el mío.

Pero qué tontería seleccionar a alguien que escribe hermoso para que tome un curso de escritura. ¡No lo necesita! Evidentemente, yo sí lo necesito, porque perdí, le dije molesta a mi hermana, disculpándome por no poder llevar su historia a otro nivel. Me sentía un fraude, una perdedora. Qué estupidez la mía querer dedicarme a esto si estoy lejos de ser la mejor, que tan sólo por haber publicado una novela me creo merecedora de una beca y está muy claro que aún no estoy lista. Esa primera novela fue un golpe de suerte, sin querer resultó ser una novela que a la gente le gustó, pero nunca llegará a ser exitosa en las grandes editoriales.

El autosaboteo era lo mío, y creo que lo es para cualquier escritor. Es más fácil dudar de mi talento que creer que puedo lograrlo. Hay tantos escritores allá afuera, tantos libros *Best Seller* que compararme con ellos sólo termina en decepción. Ese fue mi error por mucho tiempo: la comparación. Y es que leía libros que me hacían pensar: ¿por qué carajos no se me ocurrió a mí esa historia?, ¿por qué no puedo desarrollar un personaje así? Después entendí que cada autor tiene su estilo. Que puedo amar un libro de Annie Ernaux y otro de Benito Taibo y ambos son totalmente diferentes. Sin embargo, no dejan de ser bellos los dos, al estilo de cada autor.

Meses después, también en la escuela Cursiva, lanzaron otra convocatoria para participar en un *Pitch* Literario con Penguin Random House. Era la oportunidad de estar quince minutos frente a la editorial para venderles mi libro, que conocieran mi novela y la tomaran con su sello. Tan sólo quince minutos marcarían la diferencia de mi carrera.

Nuevamente, preparé todo lo que la escuela Cursiva solicitaba: resumen, resumen no tan resumen, resumen con detalle, sinopsis analítica, temas tratados en la novela, a qué público va dirigido y, finalmente, número de seguidores en redes sociales. Justo cuando creía que se me estaba abriendo una puerta, esta se azota con un ruido estruendoso en mis narices. Mis seguidores en redes sociales apenas llegaban a 400, de los cuales casi la mitad eran familiares y amigos.

No importa, tengo fe en mi novela, sé que es una buena novela. Si tengo desventaja en redes sociales, usaré las historias de mi libro como ventaja competitiva, pensé. Quería convencerme de que esta vez estaba mejor preparada, que tenía oportunidades de ganar porque me respaldaban ya algunas presentaciones importantes, artículos en diferentes periódicos sobre mi novela, *lives* con *instagramers*. Ahora sí, este es mi momento.

Volví a perder.

En la fecha compromiso para dar a conocer al ganador no publicaron nada ni enviaron correo. Hasta al día siguiente les escribí y me contestaron que, lamentablemente, no había resultado ganadora. De seguro es por lo de las redes sociales, pensé irritada y me puse a llorar. De nuevo los pensamientos de autosabotaje salen a luz, y en ese momento parecen tan reales que me los creo. Era mejor dedicarme a trabajar en algo que no me gusta y que me llegue mi dinero seguro cada semana. La escritura no es lo mío.

Semanas después enviaron un correo a todos los participantes para compartirnos el *pitch* literario de los ganadores del concurso. Vi el mensaje y lo cerré enseguida. Malditas editoriales que quieren comprar novelas que ya sean famosas, así ellas no tienen que hacer absolutamente nada. Horas después volví a abrir el mensaje, vi el *link* que llevaba a las grabaciones de los *pitch* y los abrí. Había dos videos: el primero correspondía a un libro de no-ficción con una duración de veinte minutos y el segundo a un libro de novela ficción, con una duración de dieciséis minutos.

El *pitch* literario de novela ficción correspondía a una chica llamada Alexandra Castrillón. La recordé de la sesión informativa que nos dieron previamente de manera virtual donde nos presentamos y nos indicaron en lo que consistía la dinámica. Era la chica colombiana que hacía muchas preguntas y que tenía más de una novela publicada de manera independiente. En lo que empezaba el video la busqué por Instagram, tenía miles de seguidores. Seguro por eso ganó, dije con envidia.

La editora de Penguin Random House dio inicio al *pitch* permitiendo que Alexandra expusiera en quince minutos toda la información necesaria para que la editorial la contratara. Tenía tres novelas autopublicadas, premios internacionales por aquí y por allá, ganadora de diferentes concursos, compartió sus ventas mensuales en Amazon, sus ventas en librerías de varios países de Latinoamérica. Se encontraba escribiendo su cuarta novela y predecía tener la quinta antes de terminar el año. ¡Y todo lo ha hecho de manera independiente!

Le puse pausa al video y tomé mi celular para mandarle un mensaje por Instagram "Vi tu *pitch* literario, quedé admirada de cómo expusiste y de los logros que has tenido. Espero de corazón que te elijan y puedas publicar con ellos muy pronto". Volví al video, lo regresé hasta el inicio y tomé un cuaderno para escribir todos los tips que mencionó Alexandra, la estructura de su exposición, los premios que ha ganado y los datos que dijo de Amazon. Yo ni siquiera llevaba el control de mis regalías y ella tenía metas de ventas al mes y todas las cumplía. Humildad, este trabajo me exige humildad para poder crecer. Reconocer el trabajo de otros escritores, no para compararme y sentirme menos, sino para imitar sus buenas prácticas, conocer su camino recorrido y poder trazar el mío. Todos en algún momento iniciaron como yo, sin saber nada. Aunque, a esas alturas, ya sabía lo suficiente para poder despegar, sólo que aún no me la creía.

Tiempo después me encontré con Juan José Luna y otros colegas. Les platiqué sobre mis fracasos en los concursos y que empezaba a perder motivación. Todos los escritores hablan de sus triunfos y logros, pero nadie habla de las veces que lo intentaron y no funcionó, de las veces que perdieron un concurso. Detrás de cada premio hay muchas puertas cerradas, negativas de editoriales y malas reseñas, me dijeron. Entonces ya no me sentí tan mal porque al menos tocaba puertas, intentaba dar a conocer mi trabajo, estaba haciendo ruido.

Diversifícate

Libros vendidos: 4
Inscripciones a talleres: 5
Ingresos totales del mes: $3,250
Renta y gastos del departamento: $8,500

LAS CUENTAS NO ME DAN, SIGO SACANDO DINERO DE MIS AHO-
rros, no logro vender lo suficiente para pagar mis cuentas, le
dije a mi mamá por teléfono. Necesito hacer más, si no, voy a
tener que volver a la maquila, y me eché a reír, más de nervios
que de gracia. ¿Y por qué no vuelves a la maquila? Era dinero
seguro cada semana y no te estás preocupando por tus gastos.
Verte así nos preocupas a tu papá y a mí, me respondió. Aún
no, mamá. Todavía puedo intentar más cosas.

Diversifícate, fue uno de los mejores consejos que me
pudo dar Juan José Alonso, mi profesor de maestría, quien
meses atrás me había dado una buena cátedra de negocios en
la sala de su casa tomando café. Cualquier opción era buena,
sobre todo si era algo que yo supiera hacer y la gente quisiera
pagar por eso.

Recursos Humanos: he vivido de eso durante más de diez
años, fácil puedo sacarle provecho. Desempolvé mi cuenta de
LinkedIn y navegué por la aplicación sin entender cómo funcionaba. Me sentí como cuando mi mamá abrió su cuenta de

Facebook y no sabía qué era un *post,* un *comment,* un *tag.* Diseñé en Canva unas publicaciones promocionando servicios para redactar currículums con todo lo que un reclutador necesita ver y (casi) asegurar que pase el primer filtro de entrevistas. También promoví cursos de procesos internos de Recursos Humanos.

Cayó el primer cliente, ese me recomendó con alguien más y, cuando menos pensé, pasé un día completo actualizando y mejorando currículums. Los cursos tardaron más en venderse, pero finalmente me contrataron para dar un curso de reclutamiento y selección de personal por competencias. Hice una presentación en Power Point, busqué algunos datos en Google, lo estructuré y quedó un curso de cuatro horas. La empresa tenía protocolos de COVID, así que ni siquiera tuve que salir de casa, todo fue por Zoom. Aquí es donde hago dinero de todo lo que aprendí en los trabajos que no me gustaban. Ingresos: $3,200.

Se solicitan mujeres de 25 a 35 años para extra en película que se filmará en Tijuana y Rosarito. No experiencia necesaria. Enviar fotografías por correo electrónico. Pago de $800 pesos por día de filmación. Disponibilidad de horario. No tengo 35 pero estoy segura de que me veo de esa edad. Seleccioné mis mejores fotos y las envié al correo indicado. Días después me pidieron más fotos con ciertas especificaciones: de fondo claro, de frente, medio cuerpo y cuerpo completo.

Me citaron al *casting* un miércoles a las 10 am. Me levanté temprano, desayuné en un restaurante de Zona Río y me fui caminando al lugar acordado. Había una fila de al menos 150 personas, la mayoría se veían menores de 25 años, me sentía la tía de todos. Pensé en dejar la fila y regresar a casa. La pensé dos veces, pero no tenía nada más qué hacer, para qué me voy. Me quedé sólo para ver hasta dónde podía llegar. Si me rechazaban de ese *casting*, me sentiría la mayor de las perdedoras, porque me habrían cerrado las puertas sólo por ver algo de mi físico que no les gustara.

Al final de la fila me pidieron mis datos: teléfono y dirección, medida de blusa, pantalón y estatura. Pasé a otra fila donde nos tomarían fotos sobre una pantalla verde. Observé a los chicos que pasaron antes de mí y apenas les daban diez segundos para acomodarse cuando *clic, clic, clic*, tomaban las fotos. No daban tiempo de posar o acomodarse. Rápidamente pensé cuál era mi mejor lado, mi mejor pose. Las fotos donde estaba yo sola y de frente no eran lo mío. Ya mejor era tomar todo con humor; no me salí de la fila sólo por la oportunidad de contar esta anécdota a mis amigos, contarles de la vez en la que hice un *casting* para una película y lo eché todo a perder porque no supe posar en la foto. Efectivamente, me tomaron las fotos y nunca me llamaron. Ingresos: -$230 por el desayuno que nadie me reembolsó.

Facebook Market y Lady Multitask están llenos de señoras que gustan de un buen postre o comidas para invitar a sus amigas o compartir en la oficina, y casualmente yo había tomado unas clases de cocina con la Chef Karla Montfort años atrás. Eché un vistazo a mis carpetas de recetas, busqué otras tantas en YouTube, coticé ingredientes e hice cálculos de costos para determinar cuáles eran mis mejores opciones para vender. El resultado: *pays* de queso con fresas y *pays* de manzana.

Mi casa se convirtió en una cocina industrial. Llegaba con bolsas del súper llenas de manzanas, azúcar, queso crema, fresas. Me levantaba temprano para ir al Mercado Hidalgo para comprar la fruta más fresca. A medio día empezaba a amasar, cortar manzanas, marinar la fruta y todo lo que se necesita para hacer *pays*. Tanta carrera, maestría y años como supervisora de capacitación y terminé cocinando *pays* en mi casa, pensé. Aun así, no me sentía decepcionada, al contrario. Estaba activa, motivada, ocupada y, además, generando ingresos, moviendo el dinero. Decía René Pérez, de Calle 13: si te detienes el corazón se atora, lo que no se mueve no se mejora. Ingresos: $1,450 pesos

Durante semanas estuve con la venta de *pays*, elaboración de currículums, cursos de Recursos Humanos. En algún momento me invitaron a un Focus Group de una agencia de mercadotecnia y me pagaron sólo por participar. Al final del día me sentía productiva, era muy divertido estar haciendo tantas cosas tan diferentes. Me daba tiempo para hacer ejercicio, leer, visitar a mi familia. Tenía control de mi tiempo. Sin embargo, aún no escribía ni una página de mi siguiente libro que, supuestamente, era mi prioridad en esa nueva etapa profesional.

Lo que pasaba era lo siguiente: no tenía ese bloqueo escritor del que muchos autores hablan. Las ideas fluían en mi cabeza, hacía mapas mentales en cartulinas y *post-its*, tenía la historia de mi siguiente novela, los personajes, los lugares. Simplemente faltaba algo que, después entendí, es crucial para hacer un libro: fecha de entrega. Como tenía todo el tiempo a mi disposición, dejaba la escritura para después: tengo que limpiar la casa, hacer el súper, tirar las basuras, cocinar, llevar un libro a paquetería, contestar correos. Todo era más importante antes que escribir, porque eso lo podía hacer en el momento que yo quisiera. Pero no quería hacerlo. ¿Por qué?

FIL Guadalajara 2021

"Hay dos formas de que un libro llegue a ti: la normal y la secreta. La normal es que lo compres, te lo presten o te lo regalen. La secreta es mucho más importante: en ese caso es el libro el que escoge a su lector."

—Juan Villoro, *El libro salvaje*

Toda la vida he tenido la sensación de estar en el lugar equivocado, que no pertenezco a ningún lado, así como Milan Kundera lo describe en su novela *La vida está en otra parte*. Creí que así era esto, sentirse perdido donde se supone que es tu hogar. Me di por vencida en la búsqueda hasta que di con los libros y su comunidad.

Conocía la Feria Internacional del Libro de Guadalajara sólo por la televisión e Internet, sabía que era la más importante de Latinoamérica y quiénes eran los escritores que habían pasado por ahí, pero nunca había tenido la oportunidad de visitarla hasta aquel diciembre del 2021. No fue casualidad que me encontrara en esa ciudad justo en las fechas de la FIL, tampoco fue casualidad lo familiar que se sintió entrar a esa fiesta de libros por primera vez.

Tenía un viaje a Guadalajara con mis amigas, había trabajado mucho en mis cursos y múltiples trabajos, y no podía dejar pasar aquella oferta de Volaris. Queríamos turistear por la ciudad, recorrer sus iglesias, museos y plazas, visitar Tlaquepaque y Tequila. Me había gustado la sensación de aquel viaje a Puebla, de hacer cosas por primera vez y dejarme sorprender. Mis amigas se regresaron a Tijuana un lunes y me quedé sola el resto de la semana para visitar la FIL.

En meses pasados me había sentido cobijada por la comunidad lectora, no importaba que hubiera leído un libro o cien; de igual manera me hacían sentir parte de ellos. Y ahí estaba yo, en medio de más de cuatrocientas mil personas, una nueva escritora queriendo ser conocida por todos ellos, lista para mostrarles mi trabajo y compartir lo que más me apasiona.

En el momento en que pisé el interior de la Expo Guadalajara, mis ojos se llenaron de lágrimas. Ver tantos libros en un sólo lugar, tantos autores, tantas historias. Aquí es a donde pertenezco, pensé. Este es el lugar por el que tengo que pelear para poder quedarme, aquí es donde quiero vivir, entre esos libros. La gente a mi alrededor pasaba de prisa, de un *stand* a otro, llevando libros por aquí y por allá. Filas de niños listos para recorrer los pasillos para su excursión escolar. Y entre toda la gente, un Benito Taibo, Juan Villoro, Ángeles Mastretta, Fernanda Trías, John Boyne, caminando en los pasillos, conviviendo con sus lectores.

Filas para entrar a los *stands* de las editoriales, filas para comprar libros, filas para entrar a las presentaciones y filas para las firmas de libros. Es mentira que los mexicanos no leemos, ¡México sí lee! Estaba rodeada de ellos. Es más probable que alguien llegue contigo y te diga "hola, mucho gusto, soy vegano", a que diga "hola, mucho gusto, soy lector". Por eso es que asumimos que no leemos, porque a ninguno de los lectores nos interesa ser reconocidos como tal, no tenemos nada que alardear. Leemos porque no podemos vivir sin las letras, porque en ellas encontramos respuestas, porque nos reflejamos en los personajes de las novelas, porque sin los libros nuestro mundo es gris. Además de lectores, México y Latinoamérica tiene a muchas autoras reconocidas. Este era mi momento para ser escritora porque, como dijo Fernanda Trías en su discurso al recibir el Premio Sor Juana Inés de la Cruz, nunca se le había dado tanto reconocimiento a la mujer latinoamericana por sus letras como en la actualidad.

Semanas antes me había contactado por Instagram el escritor tapatío Iván Alatorre Orozco. Recién había publicado su primera novela, *Tierra Colorada,* y me la envió a mi casa. Además, me invitó a su presentación en la FIL, y por supuesto que deseaba ir a verlo. Era la primera vez que conocía a un autor que se presentaba en ese evento, no me lo iba a perder.

Iván me actualizó de todos los años que me perdí de la FIL: los autores que se presentaron, las protestas que suscitaron, las críticas del gobierno y el impacto a nivel mundial. Me acompañó a recorrer todo el recinto como si fuera un tour: el *stand* de Penguin Random House es de los más grandes y bonitos, a ese y al del Grupo Planeta es a donde llega más gente. La gente que ves ahora no es ni la mitad de la que ha venido en años anteriores, incluso, esta vez, los pasillos son más anchos por la pandemia. Este año tuvieron que separar a la FIL niños y mandarla a otro lugar, no había espacio en la Expo. Y yo ni siquiera sabía que existía una FIL para niños. Por allá va el rector de la UDG, atrás de ese grupo de gente está uno de los editores de Océano, y enfrente de nosotros acaba de pasar uno de mis profesores de Escuela de Escritores. Era como un mundo nuevo para mí, a veces no sabía de lo que me hablaba y, por no verme ignorante, solamente asentía y despúes los buscaba en Google.

En los siguientes días entré a diferentes presentaciones y, como fanática de un grupo de rock, me acercaba a los escritores para conocerlos y tomarme fotos con ellos. Ahí estaban los mismos que crearon las historias que tanto me conmovieron, en el mismo espacio que yo, tomándose fotos con una escritora desconocida que lo único que quería era seguir sus pasos. Parecía que a las presentaciones iba más gente como yo porque en casi todas preguntaban cosas como ¿qué consejos das para nuevos escritores?, e inmediatamente paraba oreja e intentaba grabar con mi celular para documentar la respuesta. Tienes que leer más de lo que escribes, dijo John Boyne, autor de *El niño del pijama de rayas*. Únete a grupos de escritura, que sea gente desconocida, no le des tu trabajo a tu familia y amigos porque solamente te van a dar una palmada en la espalda y te dirán que tu trabajo es hermoso. Necesitas opiniones reales, desinteresadas, concluyó John. Mariana Palova mencionó sobre la tarea de leer antes de escribir y también sobre la disciplina que hay detrás de cada libro publicado, que la inspiración no llega mágicamente, sino que tenemos que salir a buscarla. En ese momento me sentí un poco culpable, porque llevaba cinco meses sin haber escrito un sólo renglón.

Llevé algunos ejemplares de *Sofía 26* para obsequiarlos a personas que me ayudaran a promoverla. Conocí a algunos *bookstagramers* que seguía en redes, les autografié el libro, nos tomamos fotos y las subimos a nuestras cuentas. Sólo una de ellas me hizo mención en un video de YouTube, para el resto pasé completamente desapercibida.

Me quedaba un último ejemplar y sólo un día más en la FIL, pensé que no habría nadie más a quien obsequiarlo, hasta que me encontré en un Oxxo a una chica que había visto durante la presentación de Mariana Palova. La chica tenía entre doce y catorce años, era colombiana y había viajado con su familia para conocer a su autora favorita. Lamentablemente, Mariana se enfermó de COVID, no pudo viajar a la FIL y su presentación fue virtual. Aun así, la niña tuvo oportunidad de levantarse en la sesión de preguntas y respuestas para presentarse y decirle en vivo cuánto la admiraba. Sentí ternura por ella porque se notaba su emoción y nervios.

Al final del día, mientras hacía fila en el Oxxo para pagar un café y un pan, estaba la familia de Colombia enfrente de mí. Me atreví a platicar con ellos y decirles que también estuve en la presentación de Mariana Palova. Estamos aquí por nuestra hija, ella es a la que le apasionan los libros y quisimos darle el regalo de venir a este evento, me dijo su papá. Al escuchar esas palabras volteé a ver mi bolsa y ahí seguía el último ejemplar de *Sofía 26*. Viniste desde Colombia para ver a tu autora y no se pudo, pero no quiero que te vayas con las manos vacías. Si me permites, quiero obsequiarte mi libro, le dije mientras le entregaba el ejemplar. Los papás se sorprendieron y se alegraron al ver que mientras hacíamos fila para pagar nuestros *snacks*, estaban conociendo a una escritora y les regalaba su libro. ¿Me lo puedes autografiar?, me preguntó. Asentí y le pregunté su nombre. Me llamo Sofía, me contestó tímida. Ahora la sorprendida era yo. Mi último ejemplar de *Sofía 26* fue para una Sofía.

Diez días

3… 2… 1… ¡Feliz Año Nuevo! Gritaron mis vecinos y empezó la música para recibir alegres el nuevo año, 2022. Los fuegos artificiales iluminaron el cielo, la gente celebraba en las calles como si no hubiera pandemia. Mientras, yo me encontraba encerrada en mi habitación con fiebre, dolor de cabeza y de garganta, dos días después me confirmaron del laboratorio lo que más temía: COVID.

Sin trabajo, sin ingresos, sin Seguro Social, con Seguro de Gastos Médicos, pero con un deducible y coaseguro que iba a pagar al menos que fuera necesaria la hospitalización. Recordé a Xavier, así había iniciado todo con él, y sentí miedo.

Hice lo que tanto se informó en los medios: encerrarme en mi habitación y no tener contacto con nadie de mi casa. Tenía mi cama, televisión, baño, computadora y muchos libros. Sólo abría la puerta para tomar mis comidas servidas en platos desechables para no contagiar a nadie. Me tomaba la temperatura dos o tres veces al día al igual que mi oxigenación. Tenía tanto frío que ni todas las cobijas del clóset lograban quitarlo. Estaba débil, cansada, con dolor de huesos, migraña, dolor de garganta y tos, sin olfato ni gusto.

Me sentía aislada, sola, mientras todos alrededor seguían con su vida. Los veía desde mi ventana, nadie de ellos me necesitaba. Bien podría morir en ese cuarto y la vida de la gente no se detendría. Me había propuesto trascender, lo dije en aquella presentación en el CECUT meses atrás. No lo había cumplido aún, mis letras no habían llegado a más gente, mi carrera de escritora ni siquiera había despegado y estaba muy lejos de poder vivir de eso. Mi cuenta en el banco cada vez era más endeble, mis gastos incrementaban con medicamentos y consultas en línea. Me deprimí. La tristeza me invadió y abrió la puerta a quien, con tanto trabajo, había mantenido en silencio: la ansiedad.

Por las noches, con fiebre y delirios, sentía que todo a mi alrededor me juzgaba: los libros por no ser leídos, mi computadora por no haber escrito, la televisión por no ser vista. Me veían y me decían que me rindiera, las paredes cada vez las sentía más cerca, asfixiándome, provocándome para que estallara en llanto. Estaba cerrando el año que tanto había esperado y sin cumplir mi propósito. En ese momento, todo lo que había logrado pasó a segundo plano, dejó de ser importante. De nada me había servido el viaje a Puebla, a la FIL de Guadalajara, ni los múltiples trabajos que me había inventado, si la persona que veía en el espejo seguía insatisfecha. De repente, me llegaban ratos de lucidez y me daba cuenta de que la enfermedad y el encierro se habían metido en mi cabeza, que en realidad todo iba a estar bien. Pero la ansiedad se encargaba de demostrarme lo contrario.

Me llamó un amigo por teléfono para preguntarme cómo seguía. Tomé la llamada como una ruta de escape, para poder decirle a alguien cómo me sentía. Ya déjate de cosas y ponte a trabajar, mejor. En cuanto te recuperes empieza a mandar currículums a las maquiladoras, ya estuvo bien de este descanso, no estés tirando tu dinero a la basura, me dijo. Tenía razón, era evidente que me convertía en un total fracaso.

En mi peor día pensé que iba a morir. No porque mis signos vitales estuvieran mal, sino porque mi cabeza se encargó de hacerme creer que así sería. Tenía el mismo virus que había matado a Xavier, aun cuando él tenía motivos para sobrevivir: sus hijos, su trabajo, viajes. ¿Y yo? Sin pareja, sin hijos, sin trabajo, sin sueños. Cerré los ojos porque el cansancio me venció y dejé que llegara mi momento para despedirme de este mundo.

A la mañana siguiente me despertó un aroma a café. Abrí los ojos y, de un salto, me senté en la cama. ¡Puedo oler el café! Enseguida tocaron mi puerta. "Ya está tu desayuno", me dijo mi compañera de casa. Me tallé los ojos, incrédula, y me dio curiosidad por probar mi comida para saber si podía percibir algún sabor. Eran *pancakes* con huevo, me los acerqué a la cara y pude oler la miel de maple. Di el primer bocado y me remonté a los sábados por la mañana, cuando mi hermana y yo corríamos a la cama de mis papás para ver caricaturas, y en una mesita ya teníamos nuestro desayuno con *chocomilk* que mi mamá nos había preparado. Sonreí, porque podría ser el final de diez días de encierro, porque por primera vez disfrutaba algo tan cotidiano como un desayuno.

Por la tarde le llamé a mi médico y me confirmó que el peligro había pasado, que podía salir de mi enclaustro, pero con precauciones. Lo primero que hice fue ponerme mis tenis, cubrebocas y salir a la calle a caminar por el parque, a recibir la luz del sol y respirar el olor de la calle. Quise acelerar el paso, pero mi cuerpo me detuvo, aún no estaba lista para ejercitarme. Pensé que si salía todos los días podía empezar a agarrar ritmo y recuperar condición. Esa tarde, mientras caminaba, pensé en todo lo que podía hacer para recuperar el tiempo perdido.

Durante algunas semanas después, tomaba hojas blancas y las pegaba en la pared. Usaba mis plumones de colores para enlistar mis objetivos de ese año y cómo llevarlos a cabo. No había necesidad todavía de buscar trabajo, porque estaba decidida a intentarlo una vez más por mi cuenta. Clubes de lectura, más talleres de escritura, entrar a convocatorias de becas de escritura o para meter a *Sofía 26* a algún concurso, tocar puertas en escuelas, ferias del libro. No importaba a dónde tuviera que viajar, estaba dispuesta a moverme a donde fuera necesario. No importaba cuántas veces había perdido en otros concursos; la probabilidad aumentaba mientras más participaciones tuviera, y nada me iba a detener. En algún lugar había escuchado la frase *"con miedo no se hace nada"*, pero yo sí tenía miedo. La diferencia era que ese miedo era el que me empujaba a ponerme en acción, porque estaba tan cerca del precipicio que tenía que correr para que no me alcanzara.

Al final de esa lista escribí lo que más miedo me daba: presentar mi libro en la FIL de Guadalajara. Ya había ido al evento, entendía cómo se organizaban las salas, los tiempos y la agenda de todas las presentaciones. No me sentía lista para estar frente a ese público, pero tenía más de diez meses para prepararme, seguro, para entonces, la Ivette de ese momento sabrá que hacer, pensé. Para mi suerte, la convocatoria acababa de abrir e ingresé mis datos y toda la información solicitada de mi libro, editorial, presentadores, entre otras cosas.

Esperar. Tenía que esperar algunas semanas para saber si mi solicitud había sido aceptada. De nuevo, mi autosaboteo habló por mí: no te van a aceptar, nadie te conoce en Guadalajara, de seguro entran los que tienen palancas.

A mediados de marzo le llamé a Iván Alatorre para decirle lo de mi solicitud en la FIL. Tranquila, seguro te llaman, me dijo confiado. ¿Él qué va a saber? Seguro lo dice para que no me sienta mal, pensé desconfiada. De cualquier manera, le agradecí sus palabras y su consuelo. Él ya había pasado por ahí, tenía que darle el beneficio de la duda, porque si él tenía razón, entonces estaba por cumplir uno de mis sueños más grandes. Estaba nerviosa, no quería un rechazo más.

Presentar en esa FIL es de los escalones más altos que la mayoría de los escritores puede añorar. Los más grandes escritores del mundo habían pisado ese evento y yo quería seguir sus pasos. ¿El plan era ambicioso? Sí. ¿Posible de hacer? Tal vez. Tenía que intentarlo, el "no" ya lo tenía. Mejor relájate y ve a divertirte a Ciudad de México con tu grupo favorito, me dijo Iván al finalizar la llamada. Tenía razón, no podía hacer otra cosa. Me puse a hacer mi maleta para el viaje exprés para ver a los Foo Fighters en el Foro Sol.

Foo Fighters en México

La primera vez que vi a Foo Fighters fue en 2014 en Life is Beautiful Festival, en Las Vegas, Nevada, y desde entonces no había vuelto a verlos a pesar de que me considero una fiel seguidora del grupo. No por nada dediqué mi primera novela a Dave Grohl, porque su música es lo que escucho para sentirme bien, no importa qué tan deprimida, enojada o feliz me sienta, escucharlos siempre me hace sentir mejor. Porque Dave, en algún momento, estuvo a nada de dejar la música y todo lo que había logrado cuando murió su mejor amigo y Nirvana se disolvió. Sin embargo, su pasión por la música fue lo que lo impulsó para intentarlo una vez más, formando una banda que sigo desde mi adolescencia, los Foo Fighters. Si él no se hubiera dado una segunda oportunidad, jamás hubiéramos conocido su música. Por eso la dedicatoria es para él, por no haber desistido de sus sueños.

Fue hasta el 15 de marzo de 2021 que volví a verlos en vivo, esta vez, en mi país. Tomé un avión a Ciudad de México, ese mismo día a primera hora de la mañana. Me llevé mis Vans edición especial de Foo Fighters, camiseta de la banda y un libro de *Sofía 26* por si me los encontraba en el aeropuerto y podía entregárselo a Dave personalmente. Por supuesto que era una posibilidad remota tomando en cuenta que ellos viajan en avión privado y entran y salen de los aeropuertos por puertas distintas a la del resto de los pasajeros de líneas comerciales.

Nadie me acompañó al viaje, no todos podían dejar sus trabajos un martes para ir a la Ciudad de México a un concierto. Al llegar al aeropuerto, les llamé a mis papás para avisar que todo estaba bien y esperaba mi taxi para ir al hotel. Todavía no se daba la hora del concierto y ya me sentía entre nubes, feliz por la oportunidad de estar ahí, de poder cantar y gritar junto con miles de personas. Y es que, en un concierto, sin importar el artista, se sienten las mejores vibras porque todos estamos a un nivel máximo de energía, la sangre corre rápidamente por todo el cuerpo y te hace brincar y bailar junto con las miles de personas que tienes a tu alrededor. En el aeropuerto yo ya sentía esas energías y sólo me quedaba esperar a que diera la hora para irme al Foro Sol.

En el trayecto al hotel iba al pendiente de las calles, de nuevo, por si me encontraba la camioneta de la banda, como si la Ciudad de México no fuera lo suficientemente grande. En eso, sonó una alerta en mi celular y vi que era un correo de Lucila Jáuregui, responsable de las presentaciones de libros en la FIL. Lo abrí desesperada por ver el contenido y lo primero que vi fue "Confirmación de presentación de libro 2022". Mi corazón se aceleró de tal manera que me impedía concentrarme para leer el resto del mensaje donde me daban indicaciones del pago que debía hacer, la cuenta de banco, el correo para confirmar la fecha y hora y lo que incluía el pago, hasta que llegué a la información que me interesaba: *Sofía 26* se presentaría el miércoles 30 de noviembre a las 17:30 horas en el Salón D de la Zona Internacional con capacidad para 80 personas. Dejé el celular y me puse las manos en la cara hasta que los ojos se me llenaron de lágrimas. Volteé a mi alrededor y no tenía a nadie a quien decirle lo que acababa de pasar, a nadie a quien abrazar, a nadie que le interesara saber lo que acababa de leer. Le llamé a Iván y, cuando le mencioné del correo, soltó una risa después de un ¡te lo dije! y ahí me eché a llorar. En esas lágrimas se iban todos los meses de incertidumbre, las noches de ansiedad, el miedo a la muerte, a no lograr mi propósito. Todo ese trabajo se veía reflejado en esa confirmación de Lucila.

Al llegar al hotel no podía dejar de llorar. La persona del mostrador no dejaba de verme mientras registraba mi reservación, me ofreció un kleenex para limpiarme la cara y, con un gesto, me preguntó si todo estaba bien. Es el mejor día de mi vida, le dije con una sonrisa y más lágrimas. No entendió de qué le estaba hablando, sólo me regresó la sonrisa y me entregó la llave de la habitación.

Antes de salir del hotel me aseguré de hacer dos llamadas muy importantes. Ya con fecha y hora confirmadas, necesitaba preguntar a dos personas si querían ser mis presentadoras: a Libi Ayala y Gaby Casas. Libi era mi amiga de muchos años, había estado con ella los meses en que escribí *Sofía 26* y me recibió en su casa en Puebla cuando me quedé sin trabajo. Sin duda, la quería conmigo ese día, tenerla como apoyo. De Gaby Casas sólo conocí su voz durante muchos años como locutora de una estación de radio de Tijuana y San Diego. Después, en el 2020 fue de las primeras personas que obtuvo mi libro por recomendación de Karlha Ochoa. Tiempo después le escribí para pedirle o, mejor dicho, exigirle un *live* en Instagram. Todos mis colegas escritores como Martha Antillón, Luis Jiménez e Iván Alatorre habían tenido *live* con ella y a mí me había leído primero. ¡Era injusto que me hubiera dejado fuera! Tiempo después me confesó que le llamó mucho mi atrevimiento de escribirle, pensó que era una mujer decidida y le caí bien. A partir de ahí nos hicimos amigas, teníamos en común el amor por los libros, el café y los eventos literarios. Lo único que no compartimos es el amor a la música de Foo Fighters; algún defecto debía tener mi nueva amiga. En fin, ambas aceptaron acompañarme en la FIL de Guadalajara y no podía estar más feliz.

Cuando llegó la hora de ir al Foro Sol no podía con tanta energía, pude haber ido corriendo desde el hotel y no sentir cansancio. De no ser por la hora y por la inseguridad de la ciudad, sin duda lo hubiera hecho. Tomé un taxi del hotel y me dirigí al lugar del evento. Di un paseo por los puestos de camisetas, *souvenirs* y comida mientras salían los Foo's al escenario y, justo cuando llegué a mi lugar, apagaron las luces del exterior y se encendieron las del escenario. Las cincuenta mil personas que estábamos ahí gritamos emocionados al ver entrar a los integrantes del grupo. Me costó trabajo reconocerlos por la distancia a la que me encontraba y, cuando vi el cabello de Taylor revolotear por los abanicos, me cayó el veinte de que realmente eran ellos. A partir de ahí no dejé de agradecer a la vida por dejarme estar ahí, por celebrar de esa manera todo lo que había logrado.

Dave tomó el micrófono para iniciar el concierto con *Times like these* en acústico. Esa canción se había convertido en un himno durante la pandemia, dándonos un poco de esperanza para aprender de los malos momentos. "*…and it's times like these you learn to live again. It's times like these you give and give again…*" Esa noche la canté desde el corazón porque en ese momento la hice mía, como si sólo estuviéramos Dave y yo en ese escenario, cantando y llorando juntos. A mi alrededor también cantaban otros, pero por cincuenta mil razones diferentes.

Esas tres horas de concierto fueron para celebrar, para brindar por la vida y por las segundas oportunidades. Si había podido llegar hasta donde me encontraba, había sido por mi trabajo, por dedicarme a lo que me hacía sentir viva, por lograr que mi miedo y la creatividad convivieran todos los días en armonía. Ver a los Foo Fighters fue la coronación de ese momento, junto con la promesa de seguirlos en su gira en Estados Unidos. O al menos eso pensé.

Vi a los Foo Fighters juntos por última vez, y yo no lo sabía. Vi al baterista de la banda, Taylor Hawkins, cantar *Somebody to love* por última vez, y yo no lo sabía. Taylor pasaba por una crisis de depresión después de un proceso de desintoxicación, y yo no lo sabía. Nunca creí que sería la última vez que cantaría sus canciones con esa alegría y que diez días después pasaría una tragedia con la banda. No estaba lista para esa noticia, no cuando había tantos planes por hacer. Nunca pensé que ese concierto en Ciudad de México era para despedir a Taylor.

Meses después, volví a cantar *Times like these* durante una transmisión en vivo desde el estadio de Wembley durante el primer tributo a Taylor Hawkins. No nada más a Dave Grohl se le quebró la voz, todos lo hicimos con él. Como escribió Rosa Montero en *La ridícula idea de no volver a verte* "…cuando el dolor cae sobre ti, sin paliativos, lo primero que te arranca es la palabra". Así nos encontrábamos todos, sin poder explicar ese dolor. Y es que, cuando un ídolo muere, lo que duele son los momentos que su música nos hizo sentir. Saber que su arte dejó de existir, que el legado que nos deja siempre llevará una herida en el corazón que se abre cada que escuchamos sus canciones. Nunca cicatriza.

El fin no existe

Mi agenda está llena y mi cuenta de banco se empieza a recuperar, le dije orgullosa a mi mamá mientras desayunábamos con la familia. Lo dije en voz alta para que el resto escuchara y, por fin, dejaran de molestar con que si ya había encontrado trabajo o seguiría de año sabático, como pensaban mis tíos. Mamá me escuchaba al mismo tiempo que preparaba su café, con una sonrisa de complicidad porque, según ella, siempre supo que yo iba a lograrlo. Se venía un proyecto grande como consultora de Recursos Humanos y mi papá no podía estar más orgulloso, pues décadas atrás él había hecho lo mismo, resultando en uno de sus mejores proyectos emprendidos. ¿Y cuándo vamos a ver algo de tu nuevo libro?, me pregunto mi tía. Pronto, le respondí a secas. En realidad, no había escrito nada los últimos meses, la inspiración no había llegado a pesar de que la buscaba cada noche de insomnio y cada día en la caminata por el parque. La inspiración me tenía castigada o, mejor dicho, yo la tenía castigada a ella.

Quise desviar la atención al sacar el tema de mi presentación en la FIL y funcionó. En ese momento discutíamos sobre la situación política que vivía la FIL de Guadalajara y los comentarios de nuestro presidente acerca de las personas que participamos en ese evento. De pronto, sonó mi teléfono: era mi exjefe. Me extrañó ver su nombre en la pantalla, pero inmediatamente recordé los cursos que estaba promoviendo en LinkedIn y pensé que ese era el motivo de su llamada. Me levanté de la mesa y contesté. Después de diez segundos de hacer las típicas preguntas (¿cómo estás?, ¿qué has hecho?), me dijo: iré directo al grano. Sé que te está yendo súper bien con tus proyectos, veo en redes que lo estás disfrutando, pero me renunció una persona de Recursos Humanos, ¿te interesa aplicar?, preguntó.

Se me helaron las manos, mi mente se quedó en blanco, no terminaba de entender lo que pasaba. Después de una pausa con silencio incómodo, continuó: piénsale bien, no puedo ofrecerte más de lo que ya ganabas, pero al menos es un dinero seguro que te va a ayudar a continuar con tus proyectos. Si puedes darme respuesta entre hoy y mañana, te lo agradecería mucho. Tartamudeé antes de poder decir algo, y sólo conseguí murmurar un «gracias, déjame pensarlo».

Me quedé helada. La llamada terminó y yo seguía con la mirada al jardín que estaba frente a mí, sin saber cómo reaccionar. Por primera vez en todo ese tiempo pensé en darle punto final a lo que había emprendido con tanto esfuerzo. Me odié por considerarlo, como si me estuviera traicionando. El dinero no iba a ser un impedimento durante un año, ¿por qué me estaba tentando? En fracciones de segundo, sentí un alivio de pensar que ya no tendría que preocuparme ni limitar mis gastos, que ese salario me serviría para abonar mi cuenta y devolver lo que había gastado, que, si me enfermaba, podía tener un seguro de gastos médicos, que al final de año tendría aguinaldo y fondo de ahorro. Todos los viajes que podría pagar con eso, la ropa que no compré en todo ese tiempo, por fin contrataría Netflix, HBO, Spotify y todos esos servicios que cancelé desde que había perdido mi trabajo. En mis ojos se reflejaron los signos de pesos, como cuando Rico McPato veía su tanque lleno de monedas.

Sentí alivio al imaginarme con dinero y, al mismo tiempo, me sentí culpable. Como dijo Dave Grohl en *Times like these*: *"I'm a little divided. Do I stay or run away and leave it all behind?"*

Volví a la mesa con otro semblante, mi cara era de confusión. ¿Todo bien?, me preguntó mi hermana. Asentí con una sonrisa fingida, no quería decir enfrente de todos lo que me acababan de proponer. Imaginaba sus comentarios: ¡Por fin, lo que tanto habías buscado! ¿Qué esperas para aceptar? Necesitaba estar sola para pensar en mi decisión, aunque de antemano sabía la respuesta y no quería aceptarla. En la primera oportunidad me despedí de todos, me fui a mi carro y manejé por la autopista Ensenada-Tijuana para regresar a casa.

Esta vez no había música y, por alguna razón, tampoco había carros en la autopista, sólo el mar, los cerros, la carretera y yo. De la nada, mi mente desempolvó unas frases que había dejado convenientemente guardadas. Años atrás, durante un *live* de Isabel Allende con todos sus seguidores en Facebook, le pregunté cuál consejo daba para nuevos escritores como yo. Muy al modo de Isabel y su disciplina al escribir, me dijo que escribiera todos los días, no importaba si servía o no, que la escritura era un músculo que se tenía que trabajar. Después, como si supiera quién era yo, vio fijamente a la cámara. No renuncies a tu trabajo, dijo. Eso me desconcertó entonces, pero sus palabras tuvieron sentido durante aquel viaje en silencio en la carretera.

Recordé también que Elizabeth Gilbert lo mencionó varias veces en su libro *Libera tu magia*. "Nunca quise cargar a la escritura con la responsabilidad de financiar mi vida. Sabía que no podía pedirle eso a mi escritura porque, con los años, he visto a muchas personas asesinar su creatividad, exigiendo a su arte que pagara las facturas". También mencionó que ella tenía un trabajo de oficina al tiempo que publicó *Comer, Rezar, Amar*, el libro que la llevó a convertirse en *best seller* y una película protagonizada por Julia Roberts. Pudo renunciar a su trabajo hasta entonces, hubiera sido un error renunciar antes, escribió. Era como si mi cabeza hubiera desbloqueado información y apenas estaba cobrando sentido. ¿Por qué nadie me lo dijo antes?, dije en voz alta entre lágrimas. Sentía como si estuviera llegando al final de la carrera en el último lugar porque había logrado llegar a donde quería, excepto que no obtenía el reconocimiento que buscaba y que, si me hubiera esforzado más, quizá hubiera sido diferente.

A diferencia de lo que había hecho meses antes al buscar consejos de mis mentores, esta vez me encerré en mi habitación para pensar; tomar una decisión como esa a nadie beneficiaría más que a mí y nadie tendría mejor respuesta que yo.

Decisiones.

A los 17 años elegí una carrera que no me gustaba en Ensenada donde vivía con mis papás y, desde entonces, renegué porque me sentía presa en una profesión equivocada en una ciudad que me limitaba.

Decisiones.

A los 22 años me fui de intercambio estudiantil a Valparaíso, Chile. Al regresar a casa hice maletas de nuevo para volver a mi ciudad natal, Tijuana, convirtiéndome en una mujer independiente.

Decisiones.

A los 27 dejé mi trabajo para buscar una nueva oportunidad en otra área que no fuera Recursos Humanos. Me despidieron del nuevo trabajo al mes de haber ingresado.

Decisiones.

A los 30 gasté todos mis ahorros para comprar un boleto de avión para Roma y París, me fui sola y me reencontré con mi pasado: cinco franceses y una chilena que conocí en Valparaíso.

Decisiones.

A los 34 terminé de escribir mi primera novela. Me fui de viaje a California y Valle de Guadalupe con mi mejor amiga y de ahí surgió el nombre del libro: *Sofía 26*.

Decisiones.

A los 36 me despidieron de mi trabajo por segunda ocasión. Empecé a hacer algo nuevo y totalmente diferente a mi estilo de vida y, a partir de ahí nada me detuvo.

Veinte años atrás ya escribía la historia de hoy, lo vi muy claro. Todo el tiempo estuve en constante cambio, de un lugar a otro, de un trabajo a otro, de una actividad a otra, de una pérdida a otra para encontrar lo que me apasionaba hacer. Y finalmente lo hice. Me tomó veinte años hasta que me encontré en los libros. Cualquier decisión que tomara tendría que ser en dirección a ellos.

Le llamé a Víctor Nolasco para decirle mi pliego petitorio: no horas extras, no eventos en fines de semana, permiso para ir a la FIL y otras ferias del libro que se me atravesaran. Me respondió sí a todo. Entiendo perfecto que tu pasión es escribir y que este trabajo no es lo que más te gusta, pero eres buena en esto, concluyó. Si tú me apoyas, yo te apoyo. Acepté la oferta. Tenía meses pidiendo abundancia al universo, ¿quién era yo para rechazar una oportunidad con esta? Si bien tenía dudas, las iba a aclarar solamente al aceptar esa oportunidad.

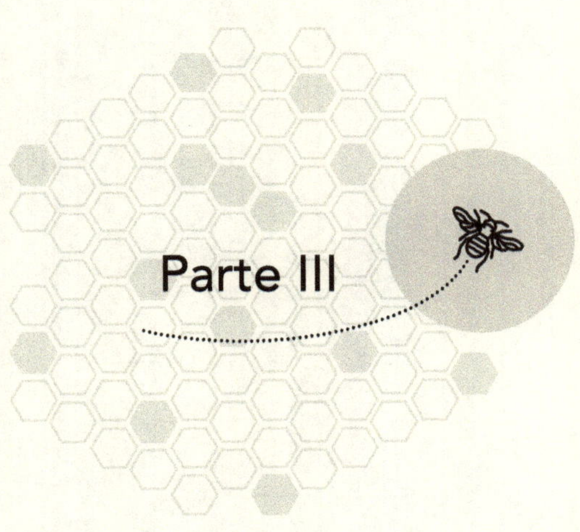

Parte III

La gira *Sofía 26*

"No es el crítico el que cuenta ni el que señala cómo el fuerte tropieza o qué es lo que pudo haber hecho mejor. El mérito pertenece al que está en la arena con el rostro cubierto de polvo, sudor y sangre. Al que se esfuerza valientemente, al que se equivoca, al que se queda corto una y otra vez que, al final, aunque quizá conozca el triunfo de los grandes logros, si fracasa, al menos lo hace con gran osadía."

—Ted Roosevelt

Regresar a mi antiguo trabajo se sentía como regresar con un exnovio: había que ser más cuidadosa, precavida, no involucrar sentimientos a la primera, tener a la vista la puerta de salida por si tenía que salir huyendo de nuevo. No quería involucrarme con nadie ni hacer amigos, quería que mi trabajo pasara desapercibido y sólo cumplir con mis obligaciones. Fue doloroso perderlo todo como para engancharme de nuevo. Fue imposible: parecía que todos esperaban mi llegada, proyectos pendientes por hacer, altas expectativas de que yo iba a solucionar todos los problemas. Fue difícil no involucrarse cuando todos eran amables conmigo y me ofrecían su ayuda.

Los primeros días vivía una lucha constante, creyendo que había cometido un error y que había tirado la toalla antes de tiempo. Otros días, sobre todo cuando recibía mi nómina, estaba segura de haber hecho lo correcto, que podía tener ambos trabajos, pero que mis prioridades debían cambiar un poco: en tan sólo cuatro semanas me agoté al grado de no poder mantenerme despierta en el día. Quería hacer muchas actividades, pero mi cuerpo no me lo permitía. Si no tengo salud física, puedo afectar mi salud mental. Si no tengo salud mental, difícilmente voy a poder escribir.

Esa pausa no duró mucho, pues empezaron a llegar invitaciones para presentar mi libro en diferentes lugares. La primera fue de la Feria Nacional del Libro de Mujeres Escritoras (FENALEM) en Guanajuato; después, Casa de la Cultura y un grupo de jóvenes en Mexicali, Preparatoria Cetys en Ensenada, Preparatoria Lázaro Cárdenas en Tijuana y, cuando menos pensé, tenía agendados cuatro meses con presentaciones de mi libro que culminarían con la FIL de Guadalajara. Mi trabajo, por fin, lo empezaba a ver un nuevo público, personas que me habían visto en redes y me daban la oportunidad de darme a conocer.

Nada de esto había sido planeado, simplemente toqué puertas y estas se empezaron a abrir al mismo tiempo. Pedí permiso a mi jefe para viajar y presentarme en todos los lugares donde me habían invitado. Tan pronto como accedió, compré los boletos de avión y hotel. Entonces agradecí tener ese trabajo, porque me permitía cubrir estos gastos.

¿Ya ves? Necesitabas regresar a trabajar para que todo se acomodara, me dijeron mis amigos. No, lo que no entienden es que gracias al trabajo que hice durante nueve meses se me presentan estas oportunidades, les contesté. Parecía que la gente se aferraba a pensar que sólo había perdido mi dinero y mi tiempo. Hubo otros que dijeron que mejor pensara en casarme y tener hijos, porque mi edad ya no era para seguir aventuras por la vida. Cada vez me afectaban menos esos comentarios y me sentía más segura de haber tomado las mejores decisiones.

La gira *Sofía 26*, como bauticé esa serie de presentaciones, inició con FENALEM en Guanajuato. Pensé que sería algo muy similar a la FIL de Guadalajara y reservé hotel para quedarme cuatro días en la ciudad. Entendí mal: cada día sería en una ciudad diferente, a mí me tocó Guanajuato. Era como si la vida me quisiera regalar unos días de descanso y aproveché para conocer los callejones, perderme entre las calles, visitar librerías, comer lo que se me antojara.

El día de la presentación estaba nerviosa, iban a transmitir en vivo por Facebook y desde ahí me podrían ver mis amigos y familia. Mi hotel estaba cerca del Palacio de los Poderes en donde era la cita, así que me fui caminando. Al llegar, vi las pantallas, micrófonos, cámaras, al personal de audio corriendo por todos lados, las organizadoras acomodando las sillas y yo de pie en la puerta. El público llegaba y se acomodaba, se saludaban entre ellos. Pensé que podían ser familiares de alguna de las escritoras que estaban ahí. Por un momento sentí nostalgia de que nadie había podido acompañarme. Entonces recibí un mensaje en mi celular que decía: "Ya estamos conectados a Facebook esperando a que dé la hora, ¡mucha suerte!". Me había escrito mi mamá. Sonreí y me dirigí hacia el lugar de la mesa que decía mi nombre. Una de las organizadoras se acercó para presentarse e indicarme cómo acomodarme el micrófono. Poco a poco la sala se llenó, aunque nadie iba a verme: todos eran amigos y familiares de la otra escritora o personas que pasaban por ahí.

Segundos después del inicio, y mientras leían nuestras semblanzas, me di cuenta de que había olvidado mis libros en la entrada. Los había dejado para que los acomodaran en la mesa con el resto de los libros para venta, y no tenía un ejemplar para mostrarlo en la presentación. Estábamos en vivo, las cámaras enfocadas a nosotras y discretamente le envié un mensaje a una de las organizadoras que, casualmente, estaba sentada frente a mí. Vio su celular, volteó a verme y le hice una mueca de "¡perdón!". Se rio conmigo, se levantó de su lugar y me pasó el libro. Esto no me puede pasar en la FIL, pensé preocupada.

¿Qué es lo que te inspira a escribir?, ¿cómo haces para terminar una novela?, me preguntó la presentadora. La inspiración está sobrevalorada, le respondí. Recordé un texto de Leila Guerriero y quise parafrasear lo que recordaba de él. Podría decirte que me inspiran los atardeceres, unos minutos de meditación, una salida a la playa, la risa de un niño. Pero en realidad me inspiro en los lugares y momentos más comunes y corrientes: en el baño, en el carro, en la calle, en el súper. Es cuestión de estar alerta de los mensajes que hay afuera, para detectarlos y descubrir qué es lo que me tienen que decir a mí o a la historia que escribo. Lo que sí es seguro es que tengo que estar preparada para cuando llegue ese momento, porque la inspiración me visita y, si en ese preciso segundo no tengo nada para anotar, se va porque no estoy lista. Así como lo dijo Elizabeth Gilbert en *Libera tu magia*: "si la inspiración puede llegarte de forma inesperada, puede abandonarte de la misma manera". Cuando menos pensé, estaba dando un discurso sobre lo que significaba ser escritora y dudaba si había contestado lo que me habían preguntado. En la primera oportunidad, volví al tema de mi libro y me aseguré de que todos supieran de qué trataba y cuál era el mensaje que quería compartir.

Al final de la presentación me quedé a platicar con la gente, vendí cuatro libros, dejé otros tantos a consignación y me fui satisfecha a mi habitación del hotel. Vi la grabación por Facebook y tomé algunas notas de lo que me había gustado y de lo que no. Había sido un buen primer ensayo para la FIL, que cada vez estaba más cerca.

Un par de semanas después de Guanajuato me invitaron a Mexicali. Primero a la Casa de la Cultura y después a un evento organizado por un grupo de jóvenes.

La Casa de la Cultura tiene su encanto natural, está llena de músicos, pintores, artistas plásticos, diseñadores. Artistas que al final de cuentas también comparten un proceso creativo como yo, que buscan inspiración para poder hacer arte. Esa presentación tuvo una vibra diferente, a ellos no les tenía que explicar de dónde sacaba la inspiración, ellos los sabían más que nadie. Invité a Victoria González para que me presentara; tiempo antes, ella había organizado un club de lectura con sus amigas en una de las primeras reuniones de Zoom en las que yo hablaba de mi libro. Ella había estudiado actuación en una escuela de Vancouver y en el CEA de Televisa, entonces encajaba perfecto con el ambiente artístico del lugar.

Victoria se preparó con anticipación, lo vi en su cuaderno de notas mientras presentábamos. Me gustó la estructura que elaboró, como si estuviéramos en un *talk show* y ella fuera la entrevistadora. Tomé nota mental para la FIL. Ahí hablamos sobre lo que es ser escritora independiente, lo que cuesta publicarse y darse promoción casi a ciegas, porque iniciamos sin saber nada de ese medio. Cuando te decides a publicar de esa manera, le dije, es por puro amor al arte. Porque es un albur saber cuántos libros vas a vender o cuántas presentaciones vas a hacer. Puede que vendas veinte libros como puede que sean 500. No lo sabes y por lo tanto no puedes frustrarte si las cosas no salen como esperas. Escribes y te publicas independiente, porque tu objetivo es compartir tus letras, es todo.

Después de cuarenta minutos de plática, abrimos la sección de preguntas y respuestas del público. Una chica pidió la palabra y me explicó que estaba acompañada de un amigo sordo y ella le traducía al tiempo que yo hablaba, y quien realmente tenía una pregunta era él. ¿De qué trata tu libro? Entorné los ojos sorprendida, me dirigí hacia Victoria y las dos teníamos cara de preocupación porque en todo ese tiempo no habíamos hablado de mi libro, que era la razón por la cual estábamos todos ahí. Solté una risa nerviosa, me disculpé por haber omitido esa información y traté de describir mi libro con los mayores detalles posibles para que haya valido la pena esperar hasta el final. De cualquier manera —hice otra nota mental—, esto definitivamente no me puede pasar en la FIL.

No todas las presentaciones fueron tan satisfactorias. Un grupo de jóvenes supieron de mi presentación en Mexicali y me invitaron nuevamente a la ciudad, pero a un evento con fines altruistas. El tema del evento era el arte y querían promover a artistas regionales de todos ámbitos: música, baile, pintura y literatura. En ese último entraba yo.

Llegué puntual al lugar indicado. Era en una explanada, al aire libre. Cuando entré no vi alguna carpa con sillas o algo parecido a lo que normalmente se hace en una presentación de libro. La chica que estuvo en contacto conmigo por Instagram se acercó para saludarme. En punto de las doce iniciamos, me dijo. Tu presentación será en el escenario, ¿está bien? No, no estaba bien. Mejor dicho, no era lo que tenía en mente. Iba a parecer más un *stand up show* que una presentación de libro. Acepté. Los escritores independientes no podemos rechazar ninguna invitación, pensé. Todo sea por los lectores.

No había nadie en el lugar más que los organizadores del evento. Era fácil identificarlos porque traían la misma camiseta. Me volví con la chica y le pregunté a qué hora empezaba el evento, porque no veía a nadie. Estamos en la hora de silencio, dedicada a las personas neurodivergentes o con sensibilidad auditiva, este es un evento incluyente, me dijo orgullosa. Por eso no había música, no había algo que llamara la atención de la gente, por lo tanto, el lugar estaba solo. Mi presentación es a las doce, ¿crees que vaya a llegar alguien?, le pregunté. ¡Claro!, me respondió. Seguía con su voz optimista y orgullosa. Reanudamos actividades a esa hora. Sonreí haciéndole pensar que creía en sus palabras. Estaba segura de que nadie iba a llegar puntual, mucho menos a ver a una escritora desconocida dando un *show* de *stand up* mientras presentaba su libro. Y así fue.

Me dieron cincuenta minutos, un escenario con micrófono, cuarenta sillas al frente y solamente quince jóvenes sentados, todos eran organizadores del evento. Ningún invitado. Ningún lector. De momento me dio gracia estar de pie hablando de algo que escuchaban por compromiso, porque invitaron a una escritora de otra ciudad, la hicieron gastar en gasolina y casetas y no lograron llevarle a nadie.

Mi presentación se convirtió en una conferencia motivacional. Estructuré mentalmente una plática de *Sofía 26* y de mí. Inicié con describir el libro, no iba a cometer el mismo error de la Casa de la Cultura. Improvisé una charla para que los jóvenes le perdieran el miedo a los libros, que no todos son pesados y aburridos, que podemos encontrar grandes historias y personajes con quienes nos podemos identificar. También les dije que le perdieran el miedo a equivocarse, que yo lo había hecho miles de veces, pero que esa era la única manera de crecer y aprender. Hice un sondeo visual rápido y noté que todos tenían menos de veinte años, probablemente tomando decisiones importantes sobre qué estudiar y a qué dedicar su vida. De ahí me agarré para atreverme a darles consejos profesionales y personales. Al final logré que se pusieran de pie y me regalaron sus aplausos, quizá conmovidos con el mensaje que les compartí. Seguro todos me compran mi libro, pensé. Solo vendí uno a la chica que me había invitado. Normalmente obsequio un libro como cortesía a las personas que me invitan, pero esa vez le acepté el dinero. Mínimo para la caseta de la Rumorosa y la de Tecate.

En la carretera hice un recuento de lo que había hecho durante el día. Me levanté muy temprano, desayuné y me arreglé para una presentación que terminó en un fracaso de ventas. Me sentí, hasta cierto punto, humillada. Pobrecita, no lograste convocar a nadie, me dije. Por más historias e invitaciones que hice en redes sociales, ni un alma perdida llegó a verme. Pero por supuesto que no iba a llegar nadie, ¡eres una total desconocida! Se me salieron las lágrimas, decepcionada. Puse las canciones más tristes para seguir llorando. No me gusta llorar, pero sola en la carretera se siente bien, me permito llorar hasta por el perro que se me murió hace quince años. Al final olvidé por qué lloraba en un principio y me relajé. Me vi los ojos y nariz roja en el espejo retrovisor y moví la cabeza de lo ridícula que me comportaba. ¡Hasta Stephen King tuvo presentaciones donde no llegó nadie! También Margaret Atwood y Neil Gaiman. Ahora yo podía unirme a esas historias donde hice una presentación y no llegó nadie. Sonreí.

En otra ocasión me invitaron a presentar mi libro en un programa de una televisora importante a nivel nacional. Pedí permiso en mi trabajo para salir temprano, pues me convocaban en el set de grabación a las 12 del mediodía. Apenas tuve oportunidad de retocar mi maquillaje, echarme espray en el cabello y atravesar toda la ciudad para llegar puntual a la televisora.

El guardia del estacionamiento ya esperaba mi llegada, mi nombre aparecía en una lista que llevaba en una tabla café. Me indicó en dónde podía dejar mi carro y la entrada principal para registrarme en la recepción. Me sentía soñada porque era la primera vez que saldría en televisión como una artista. No podía ocultar la sonrisa en cada paso que daba hasta llegar con la recepcionista, quien me entregó un gafete de visitante y me acompañó hasta el set de grabación. Espera aquí, la conductora vendrá por ti y un auxiliar te pondrá el micrófono en la ropa.

En menos de cinco minutos la conductora se acercó a mí, se presentó, me dio la bienvenida y dijo las palabras mágicas: esta es tu casa, bienvenida. No esperaba tal recibimiento, era demasiado bueno para ser verdad. Caminamos juntas hasta los sillones de una sala falsa de una casa acogedora, también falsa. La entrevista será de quince minutos, me dijo. Me dieron un micrófono de clip que me pasé por debajo de la blusa, me senté en el sillón de la sala falsa cuando escuché: tres, dos, uno, ¡comenzamos! Yo ni siquiera había revisado mi maquillaje por última vez, nadie me dijo cómo sentarme, tampoco supe si mi postura era la correcta. No sabía si voltear a ver a las cámaras o a la conductora, me puse nerviosa y no quería que se notara.

No recuerdo absolutamente nada de esa entrevista, los nervios borraron todo de mi memoria y di respuestas en automático. Solo sé que contesté todas las preguntas y no tartamudeé en ninguna. Por lo tanto, sea lo que sea que haya dicho, para mí fue un éxito porque no me mostré nerviosa. La misma conductora me felicitó por tan buena entrevista. Nos tomamos fotos, le regalé mi libro firmado, intercambiamos teléfonos para seguir en contacto y ahí terminó mi intervención en la televisora.

Antes de salir, le pregunté a la productora la fecha de transmisión, lo anoté en mi agenda y en el estacionamiento grabé una historia para presumir a mis seguidores lo que acababa de pasar. Puse un recordatorio en Instagram con la fecha del programa para que todos lo vieran. Les llamé a mis papás para platicarles cómo me había ido. Me sentía la escritora más feliz. Y eso es raro, porque los escritores solemos ser melancólicos la mayor parte del tiempo.

Llegó la fecha del programa, sintonicé el canal desde YouTube y... nada. Ese no era el programa que yo había grabado. La conductora vestía otra ropa a la que usó cuando fui. Mi grabación nunca se transmitió. Ahora nadie sabrá de lo que se trató la entrevista, ni siquiera yo, porque sigo sin recordarlo.

Convergente

Cada año se une toda la comunidad de Recursos Humanos de Tijuana en un congreso organizado por una asociación llamada ARHITAC. Durante algunos años asistí por parte de las empresas donde trabajaba y el evento se convertía en un reencuentro con colegas, excompañeros y exjefes del mundo de la maquila. Los primeros años eran algo emocionante: salir de la oficina para pasar el día en conferencias y sin pagar un peso por ello. Después, resultaba agobiante porque era contestar las mismas preguntas con cada reencuentro como: ¿Y qué has hecho? ¿En qué empresa estas? ¿Sigues con el mismo puesto? Me daba flojera tener que actualizar mi currículo en cada plática con gente que seguramente iba a volver a ver hasta el siguiente congreso. Además, exigían un código de vestimenta de traje sastre y tacones para las mujeres. ¿A qué se supone que vas?, ¿a una entrevista de trabajo o a escuchar conferencias? Amo los tacones, pantalones de vestir y sacos, pero no me gusta que me limiten. Mi apellido debería ser Contreras, no Landeros.

En 2022, cuando regresé al mundo de la maquila, mi jefe me invitó a tan aclamado congreso. No pude negarme, todos en la oficina asistirían. Revisé el programa y las conferencias se veían bien, interesantes, dirigidas hacia los retos de Recursos Humanos después de la pandemia. Aun así, no tenía ganas de explicarle a quien me encontrara lo que había hecho en los últimos meses, que me habían corrido y había regresado a la misma empresa. Opté por elaborar una respuesta rápida que omitiera los mayores detalles posibles: estuve haciendo unos proyectos personales y regresé a mi antiguo trabajo, punto. Después de eso fingiría recibir un mensaje de que alguien me buscaba, me disculparía y me iría de ahí.

Pasó la primera conferencia y nos dieron un receso de diez minutos para salir a ver los *stands* de proveedores. Todos tenían *snacks*, café, cerveza y otras bebidas de mixología. Ese congreso había cambiado mucho desde mi primera visita; ya era una competencia para ver quién alimentaba mejor a los participantes y, de paso, vendernos sus servicios. Salí con mis compañeras por un café y pan, cuando vi a una chica que no me quitaba la vista. Sonreí por educación y tomé un pan. Ella se acercó con pasos sigilosos. Disculpa, ¿eres Ivette Landeros?, preguntó con timidez. Sí, contesté confundida. He pasado por tantas empresas que quizá olvidé que la conozco, pensé. Ivette Landeros, ¿la escritora?, enfatizó. Mis compañeras dejaron de preparar su café y voltearon a verme sorprendidas. Alcé las cejas, sorprendida yo también, apenas pude asentir con la cabeza para decirle que, efectivamente, yo era Ivette Landeros la escritora.

Mirna, quien se presentó enseguida, me dijo que tiempo atrás había comprado mi libro, que era increíble haberme encontrado en ese congreso, que siempre había querido conocer a una escritora. Me reí más de nervios que de gracia; eso era surreal, la primera lectora que me encuentra en un evento público, ¡y no era un evento literario! No sabía qué más decirle, sentí nervios con las miradas de mis compañeras que se habían encargado de llamar a las demás y prender sus cámaras para grabar dicho encuentro. ¡Ivette tiene una fan!, gritaron. Sentí vergüenza porque todos voltearon a verme, pero al mismo tiempo era agradable que alguien me reconociera. Me pidió tomarnos una foto. Para entonces, ya había más personas alrededor presenciando todo. Por la escena, debieron pensar que yo era una superestrella y todos caminaban más lento mientras intentaban reconocerme. Al no saber quién era, seguían su camino. Mientras tanto, tuve mi momento de fama en el lugar y con las personas menos pensadas.

Si pudiera saber el momento exacto en que mi vida tomó sentido, fue este, donde mis dos vidas convergieron en un mismo lugar. Podía ser la supervisora de capacitación y, al mismo tiempo, la escritora. No era necesario separarlas, como lo había hecho durante los últimos meses. En la oficina no me gustaba mencionar que era escritora, y en mis redes no me gustaba mencionar que trabajaba en Recursos Humanos. Las dos Ivette podían convivir y ser felices juntas, y finalmente se reconciliaron. No iba a ser menos escritora si reconocía que tenía y disfrutaba de un trabajo alterno.

Ley de Murphy

Vestido, listo. Tenis, listos. Pantalones y camisetas, listos. Libros. ¡Los libros! Reaccioné asustada. Ingresé a la página de la paquetería para rastrear la caja con 50 libros que había enviado a Guadalajara para obsequiarlos en mi presentación de *Sofía 26*. Vi que la fecha de entrega seguía sin cambios, iban a llegar días antes de mi presentación. Respiré de alivio.

Recibí un mensaje de Gaby Casas para preguntarme cómo me sentía en vísperas del viaje. Pocas personas detenían su mundo para preguntármelo. En redes sociales se me veía feliz, sonriente, activa, enérgica. Pero, una vez que la cámara dejaba de grabar, el miedo tocaba mi puerta y luchaba con todo lo que podía para no dejarlo ganar la batalla. Gaby tiene esa conexión conmigo, no sé por qué, pero puede leerme con tan sólo ver una mueca, una expresión distinta, así que le confesé lo nerviosa que me sentía. No importa si va una persona o veinte o cincuenta, debes sentirte orgullosa de lo que hiciste, me respondió. No le había dicho que mis nervios eran por la posibilidad de no tener a nadie en la sala, sin embargo, lo dedujo. Al final de cuentas tenía razón, lo importante era participar en el evento literario más importante del año.

El vuelo sale a las ocho de la mañana, significa que debemos estar ahí hora y media antes, les dije a mis papás quienes llegaron a mi departamento una noche antes. Viajamos juntos a Guadalajara a la presentación más importante de mi vida, ellos tenían que estar ahí. Dejamos las maletas listas en el pasillo y nos dormimos temprano.

En la madrugada no necesité despertador, los nervios lo hicieron por mí. Me di un baño, me cambié y me maquillé tan rápido como pude. Guardé las últimas cosas en la maleta y, cuando la arrastré hasta la puerta de entrada, me di cuenta de que una llantita estaba rota. Pensé en cambiarla, pero era demasiado tarde, el Uber ya nos esperaba en la puerta de entrada. Además, no tenía otra maleta con la misma capacidad. Para rematar, mi bolsa de piel decidió despegarse en pedazos al mismo tiempo. Volteé a ver a mis papás incrédula de lo que me pasaba. ¿Es una señal?, les pregunté casi histérica. Llévatelas así, allá en Guadalajara te compras otra maleta y otra bolsa, me tranquilizó mi mamá.

Al llegar al aeropuerto bajamos nuestras maletas del carro y nos dirigimos directo a la aduana, no había necesidad de documentar. Quería estar en algún restaurante cerca de la sala de espera, invitarles desayuno y café a mis papás en lo que salía nuestro vuelo. Pusimos todas nuestras pertenencias en la banda, pasaron por el escáner y me adelanté para tomarlas al final. Un agente me llamó para revisar algo de mi maleta, accedí amable para mostrarle lo que quería ver. ¿Qué es esto?, señaló la funda de mi tripié. Lo saqué sin problema, se lo mostré, lo expandí y me dijo: vas a tener que documentarlo, no lo puedes traer en tu maleta de mano. Es peligroso que lleves esto, se puede usar como arma para golpear a alguien. Mi sonrisa amable desapareció, volteé a ver a mis papás, estaban recogiendo sus cosas cuando notaron que algo raro pasaba. La fila para documentar era muy larga, la vi antes de entrar a la aduana. ¿No hay manera que me permitan subirlo conmigo?, pregunté. Negó con la cabeza. El agente me acompañó hasta el mostrador de la aerolínea donde debía esperar a que me atendieran.

Después de cuarenta y cinco minutos, gritos de señoras que también tenían prisa por volar y una que me empujó y me sacó de la fila, finalmente pude documentar mi maleta. No hacía falta que documentaras, tu maleta cabe perfecto en cabina, me dijo la señorita del mostrador. Respiré profundo para no darle una mentada y le pedí que me permitiera hacerlo por el tripié que estaba adentro. Como gustes, pero no es necesario, insistió. Entonces entendí por qué alguien usaría un tripié como arma para golpear a alguien. Adiós desayuno en familia, adiós café de Starbucks, adiós a relajarme antes de mi vuelo.

Como ya se había vuelto costumbre, tomé un Dramamine en la sala de espera. Subimos al avión, nos acomodamos los cinturones y me recargué en el hombro de mi papá. Me quedé profundamente dormida, no me di cuenta cuando despegó el avión, sino hasta que la sobrecargo pasó a ofrecer algo de comer. Los nervios y el ajetreo de la mañana nos quitaron el apetito y no quisimos comprar nada. Mi mamá se atravesó para tomarme la mano y decirme que todo estaba bien, que sólo habían sido imprevistos, que lo mejor estaba por llegar. Finalmente, encontré la calma a miles de metros sobre el cielo, con las nubes como alfombra de algodón debajo de nosotros. Allá nos vemos, Guadalajara querida, dijo mi papá viendo a la ventanilla.

A pesar de que la mañana estuvo llena de contratiempos, en Guadalajara todo estaba bajo control, la ciudad me recibió con un cálido abrazo que me llenó de energía para seguir con las actividades del día. Mis papás se fueron a su hotel con el resto de la familia y yo me quedé en otro más cerca del evento.

El objetivo de la tarde era recoger los gafetes de presentadora en Expo Guadalajara y descansar, nada podía salir mal. Error pensar o decir esa frase, la ley de Murphy se activa con ella.

Caminé hasta la Expo, recordé la avenida Mariano Otero como si hubiera estado ahí un día antes. Seguían los mismos locales, los mismos terrenos baldíos, las calles congestionadas. Se sentía el ambiente de la FIL aun antes de iniciar, se veía pasar a miembros del *staff* con su inconfundible gafete. Cuánto trabajo tienen que hacer para recibirnos a nosotros los escritores y lectores, pensé.

En la Expo entraba y salía gente por todos lados. Era un día antes de la inauguración, todo mundo moviendo cajas de libros, acomodando *stands.* Dudé que tuvieran todo listo en veinte horas, había mucho desorden todavía. Dejé de criticar y fui a buscar a alguien del *staff* para que me indicaran en dónde recoger mis gafetes. Claro, me dijo una chica, es al final del pasillo de la alfombra roja, vas a ver un módulo de información, ahí te lo van a dar. Al llegar al módulo no sabían lo que estaba pidiendo. Esos gafetes te los dan en la zona internacional, donde están las mesas y sillas, me dijeron. Hice una mueca de desagrado y me fui.

No es aquí, me dijeron de nuevo. Mira, te vas a la puerta de entrada y a tu mano derecha vas a ver un módulo de información, ellos te van a decir dónde recogerlos. Me molesté, la Expo no es nada pequeña y ya la había recorrido al menos tres veces. Pregunté a otra chica del *staff* por mis gafetes y me mandó de nuevo a la zona internacional. Alguien a lo lejos me vio revolotear los brazos mientras externaba mi molestia y se acercó. Vienes con Lucila Jáuregui por tus gafetes, ¿cierto?, preguntó. ¡Vaya! Hasta que alguien aquí habla el mismo idioma que yo, pensé aliviada. Es por esta puerta, señaló. Pasé por esa puerta todo el tiempo y nadie antes me supo decir que ahí estaban mis gafetes. Respiré profundo. Por fin tenía todo listo para disfrutar el evento literario más importante del año.

La segunda puerta

El sábado, después de la inauguración de la FIL, me reuní con Gaby Casas para revisar el programa del evento y ver las presentaciones que queríamos ver. Era momento de disfrutar, de relajarnos, de conocer autores. Vimos la hora y alcanzábamos a entrar a la presentación de Alberto Villarreal y Benito Taibo.

Estaba de pie en la fila para entrar a la sala, con el periódico del programa de la FIL y una pluma subrayando todos los eventos a los que quería asistir. Estás disfrutando esto, ¿verdad?, me preguntó Gaby. Así era, tenía tanto entretenimiento por planear que mi presentación no estaba dentro de mis preocupaciones. Te veo tan tranquila que no sé si eso es normal o no, me dijo entre risas.

Después de la presentación recorrimos todos los *stands* tan rápido como pudimos, queríamos conocer la sala donde nos presentaríamos días después. El mapa era algo confuso y me rehusaba a preguntarle a alguien del *staff*, estaba segura de que nos iban a desorientar más. Al final de la zona internacional encontramos unas escaleras, las subimos y ahí estaba mi sala, un poco escondida, pero con todo lo necesario para presentarme.

Por suerte estaba sola y entramos. La mesa estaba lista, micrófonos, un mural azul de fondo con el logo de la FIL, las sillas acomodadas. Nos quedamos en medio de la sala apreciando el espacio, las dimensiones. Imaginé mi presentación: la sala llena de gente, con mis papás, primos y tíos al frente, mis amigos también. Cuando menos pensé, Gaby ya estaba sentada probando los micrófonos. Sonreí al verla mientras practicaba su discurso de introducción, y comenzamos a jugar con eso. No nos duró mucho la diversión porque enseguida nos pidieron que nos saliéramos, que esa sala estaba reservada y no podíamos estar ahí. Nos volteamos a ver como dos niñas regañadas y nos reímos por la travesura que acabábamos de hacer. Sin duda estar ahí en la Expo Guadalajara, en la FIL, en la sala donde sería mi presentación, era pura diversión.

Los días parecían interminables con tantas actividades. Gaby parecía mi representante, con cada *bookstagramer* que se encontraba, se acercaba a saludar y me presentaba como Ivette, la escritora de Tijuana. Ella los conocía gracias a los libros, a las redes sociales y a las lecturas conjuntas. Así fue como el grupo de amistades creció, entré sola a la FIL y de la nada ya tenía mi círculo de nuevas amigas, intercambiando teléfonos y cuentas de Instagram. A partir de ahí, nunca estuve sola. Entrábamos y salíamos de presentaciones como de juegos en Disneylandia. A ratos nos separábamos, cada quien quería conocer a algún autor diferente, pero siempre nos volvíamos a encontrar. Al final del día se volvió ley reunirnos para cenar y comentar lo que más nos había gustado, los libros que nos habían firmado, los autores que habíamos conocido.

Ver a mis autores favoritos fue realmente inspirador. Benito Taibo contagia su amor por los libros, Fernanda Melchor impone con su intelectualidad, Irene Vallejo me sorprendió por sencillez y belleza, también la creatividad de Laura Restrepo, el romanticismo de Elvira Sastre. Quienes se llevaron mi admiración y respeto fueron Rosa Montero y Elena Poniatowska, me conmovieron hasta las lágrimas. Verlas juntas fue tan épico como ver a los Foo Fighters tocando con Brian Johnson y Lars Ulrich en el mismo escenario. Al menos, en mi mundo, así fue. Dos escritoras con una gran carrera y reconocimientos a nivel mundial fueron lo que necesitaba ver para convencerme una vez más de que estaba en el lugar correcto.

Una noche antes de mi presentación recapitulé todo lo que había vivido en tan pocos días. Abrí el periódico con el programa de la FIL y vi mi nombre, en la misma página donde se mencionaba a Guillermo del Toro e Irene Vallejo. Era como ver el *line up* de Coachella, con letras grandes los artistas estelares y, con letras pequeñas, Ivette Landeros. Se me salieron las lágrimas. Lo había logrado. No importaba cuántas personas fueran, mi nombre está en ese periódico y era lo único que importaba. Recordé todo lo que había hecho en el último año, el camino recorrido para estar ahí. Si finalmente estaba en donde había planeado estar, significaba que había tomado las decisiones correctas, que ese era el camino que tenía que seguir, que el tiempo que me había tomado para llegar me había preparado para disfrutar ese momento. Mi salud emocional y física finalmente se encontraban estables, en equilibrio. Por fin podía disfrutarlo todo, éxitos y fracasos. Por fin podía voltear a ver a mi niña interior y decirle que todo iba a estar bien, que fuera paciente, que le iba a gustar la mujer en la que se convertiría. Era el mismo mensaje que había recibido meses antes durante la ceremonia de Ayahuasca, cuando se abrió la segunda puerta: al cruzar por ahí te vas a enamorar de la persona en la que te vas a convertir.

¿Lo volverías a hacer?

Sala llena. Mi familia en primera fila. Mis amigas toman-do fotos con su celular. Toda la comunidad de *bookstagramers* que había conocido en el viaje estaba ahí.

Silencio, todos con mirada al frente, atentos. La puerta se cierra, enciquen las cámaras. Doy un respiro profundo, escucho mis latidos tan fuertes que siento que los demás también los oyen. Tomo el micrófono, lo acaricio con mis manos. Volteo para ver a Libi, que me sonríe. Volteo con Gaby y me hace la seña para decirme que está lista. Empezamos.

Durante cuarenta minutos quise lograr dos cosas: la primera, que me conocieran como autora independiente, todo lo que conlleva escribir y publicar un libro sin tener un respaldo editorial, investigar y aprender cómo es llevar un archivo en Word a un libro impreso y distribuirlo en línea. Explicarles que no hay nada romántico en la vida de un escritor, que hay muchos días de autosaboteo, de síndrome del impostor, pero que solamente se puede sobrevivir cuando realmente amas tu proyecto. La segunda, que conocieran mi novela, a mi Sofía. Quería que supieran que ella me había salvado la vida, que gracias a ella me enamoré más de los libros y la escritura. Que es una novela que habla de segundas oportunidades y que ese mensaje me llegó años después de escribirla. Porque la Ivette que la escribió no sabía que la Ivette actual necesitaba creer que siempre puede volver a empezar, que lo único de lo que uno se arrepiente es de los *hubiera,* y que no importaba perderlo todo para poder cumplir un sueño. Ese sueño se convertía en realidad en esa sala, con esa gente.

La interacción entre Libi, Gaby y yo parecía juego de ping-pong, las preguntas rebotaban de un lado a otro de tal manera que parecía una conversación entre amigas. Gaby leía sus notas en el iPad, eran tantas letras que dudé si la escritora era ella o yo. Libi las leía en el celular, lo revisaba discretamente entre una pregunta y otra. Ambas cumplieron su papel de presentadoras, parecía como si ya hubiéramos hecho eso miles de veces. Esa es la química que busco en una presentación, porque es lo que se transmite al público.

La escritora que se la había pasado llorando la noche anterior, emocionada por ver su nombre en el periódico de la FIL, ya no estaba ahí. En esa mesa estaba la nueva Ivette, la que había cruzado, como me dijeron en Ayahuasca, la segunda puerta. Hablé con seguridad y objetividad sin perder el sentido del humor. Pude ver a cada una de las personas a los ojos, de frente, sin miedos. Esa noche conocieron la mejor versión de mí, la misma que meses antes se retorcía en la cama todas las noches con ataques de ansiedad, la que dudó constantemente sobre su capacidad y talento, la que persiguió su inspiración día y noche, la que aprendió que sí se puede vivir de los sueños.

Los últimos minutos se los regalé al público para que comentaran o preguntaran lo que quisieran. Alguien del fondo levantó la mano para preguntarme cómo había llegado hasta aquí, cómo le hace una escritora independiente para atreverse y conseguir un lugar en la FIL de Guadalajara. Sonreí y por unos segundos no dije nada, hice un rápido recuento de todo lo que había hecho desde la publicación de mi primera novela, las presentaciones de libros, las personas que conocí, los viajes que realicé. Confiar en el proceso, dije rompiendo el silencio. Tuve una meta clara, simplemente tomé las decisiones que me llevaran a ella, así tuviera que perder mi trabajo y dudar de mí cada uno de los días, concluí. Entonces, si tuvieras la oportunidad de regresar el tiempo, ¿lo volverías a hacer igual?, preguntó. No, respondí sin pensar. Esta vez lo escribiría todo para nunca olvidar que, a pesar de tener todo en mi contra, pude llegar hasta esta ciudad, a este evento, a esta sala, con estas mujeres a mi lado, con mi familia en primera fila, con un público que cree en mí más que yo.

Nadie se lo dijo al abejorro
de *Ivette Landeros*

Se terminó de imprimir en mayo de 2023 en Guadalajara, Jalisco, México. Se tiraron 500 ejemplares. Para
su diseño se usaron fuentes de la familia Adobe Gara-
mond Pro y Avenir de 9 a 20 puntos. Cuidó de la edición la autora. El diseño editorial y la impresión fueron
por cuenta de Galaxia Literaria.

hola@ galaxialiteraria.com
www.galaxialiteraria.com
Tel. y WhatsApp: 33 14822765

Galaxia Literaria es un sello de edición sobre demanda
de Editorial Libros Invisibles
www.librosinvisibles.com